日本現代史考

戦後史概観と21世紀の展望

石坂匡身 著

一般財団法人 大蔵財務協会

はじめに

昭和20年（１９４５年）８月15日、わが国は第２次世界大戦（太平洋戦争）に敗北、米軍を主体とする連合軍の占領下に置かれ、大日本帝国は解体された。陸海軍解体、戦犯逮捕・極東軍事裁判・処刑、戦前の要職者の公職追補、財閥解体、政党復活、天皇人間宣言、憲法改正、教育改革、農地解放などが矢継ぎ早に行われ、戦前の日本は大きく変わった。価値観も変わった。

昭和26年９月　サンフランシスコ講和会議が開かれ、参加52か国中48か国が対日講和条約調印、昭和27年４月　条約発効、わが国は独立を取り戻した。

本書は、それ以降、我が国はどのように変貌しつつ歴史を刻んできたのか、昭和の経済成長・繁栄と平成中期以降の国勢低迷は多くの人々に認識されていると思うが、その推移、その要因、問題点など日本の現代史、並びに、21世紀のこれからの世界がどうなっていくのか、心すべきことは何か、筆者の思う処を記すものである。

第１部「日本現代史考―戦後史概観」は、第２次大戦後の昭和30年から今日まで凡そ70年のわが国の現代史である。日々、無数のことが生起しており、それらを俯瞰し、まとめることは難事であること、進行中の時代であり評価が定まっていないなど多大な難しさがある。極めて大掴みにこの時代の政治、経済、社会の流れの記述を試みたが、もとより、能力の及ばぬ処が多く、また、様々な見方があり、記述に賛同されない方もおられると思う。読まれる方々がご自身の記憶を呼び起こし、御自身の見方を加えて読んでいただければ幸いである。

第2部「21世紀の展望」は、21世紀に入り世界が大きな転換期、新たな時代に入ったと認識、21世紀の世界の流れを考え、その中で日本を含め世界の国々、人間社会はどう対処していくことが考えられるか、人類の課題は何かにつき記述を試みたものである。

最後までお読みいただければ幸いである。

目次

第1部

日本現代史考

戦後史概観（昭和30年（1950年）～令和5年（2023年））

・１９５２年（昭和27年）サンフランシスコ講和条約で日本は敗戦後の連合軍占領から独立を果たした。独立後の日本は平和国家を国是とし、東西（米ソ）対立のなか、「ジャパン　アズ　ナンバー1」と言われるまでの経済大国として復活した。20世紀末から21世紀に入り、経済は勢いを失い、政治もダイナミズムを欠き、人口も減少に転じ、中国の大国化、米中対立のなかで、周辺諸国にも追い上げられ、昨今、国勢は低迷状況にある。

第1部では、独立後、凡そ70年にわたる日本の現代史、政治・経済・財政・社会の動きを時代区分にごとに記す。日々、様々なことが起こり、その積み重ねの上に時代は流れていく。生起した事実は膨大であり、本書に記すこともその一部に留まるが、国の大きな流れは記述しようと努めた処である。現代史の著述は筆者の力を超えるものがあると承知しているが、本書が読まれる方々の記憶を呼び戻し、戦後日本を振り返って考える材料となれば幸である。

この時代は筆者が過ごした時代そのものである。学び、遊び、社会に出て働き、今、老後を過ごしている時代である。出来事一つ一つが記憶にあり、自らが関わったものもある。そうした思いは本書を読まれる方々も共通するものがあると思う。

・明治維新（１８６８年）から現在（２０２４年）までの日本近現代史は、１９４５年（昭和20年）8月15日の第2次世界大戦の我が国の敗北を境に前期後期に分かれる。それぞれ凡そ80年であるが、歴史の歩みは大きく異なる。

ⅰ　前期は、鎖国から開国、明治維新を経て、近代化に立ち遅れた我が国が先進欧米列強に追いつくため富国強兵、殖産興業を国是に、産業振興、軍事力増強、領土拡張に邁進、日清、日露戦争、朝鮮半島・満州侵略、支那事変、第２次大戦と戦争を戦った。大戦敗北、連合軍の占領下に置かれ、明治から築いてきた大日本帝国は解体された。「文明開化、先進欧米列強に並ぶ」が前期の我が国の歴史の流れであるが、昭和に入ってからは、国策の中心は軍事、戦争にあった。

ⅱ　後期は、我が国は占領下に定められた新憲法下で戦争放棄、平和国家に変貌した。大戦後、前期とほぼ同じ期間を、自ら戦争することも、他国の戦争に武力介入することなく、平和国家を国是とし経済発展を求めて時代を過ごし、経済大国として世界の中で大きな存在となった。この凡そ80年の間、戦争がなく平和に過ごせたことは日本国民にとり喜ばしいことであり、前期と大きく異なることである。

ⅲ　21世紀に入ると、近代化に立ち遅れ20世紀前半には列強の侵食を受けていた中国（１９１２年　清朝滅亡、第２次大戦後の１９４９年に共産党支配の中華人民共和国成立）がブレーク、経済力、軍事力は米国に迫り、過っての覇権国家の力を取り戻し、世界各地に勢力を伸長、今日、米中対立を軸とする世界となっている。

地政学上、日本にとっての脅威は、明治以来、中国、ロシアであった。共産党支配の中国の覇権国家化は自由民主主義陣営にある隣国日本にとって大きな圧力、脅威となっている（尖閣問題、貿易問題、台湾問題はじめ様々な問題が生じている）。同時に、隣国として良好な関係を常に維持することが必要である。

また、グローバル化、次元を異にするテクノロジー進歩、人口が減少に向かうなど、今日は、時代の変革期にある。

こうした環境の中で、我が国も変貌が必要な時期に遭遇している。

第2部の「21世紀の展望」と併せて、これまでの日本を振り返り、これからを考えてみたい。

・第1部の現代史の構成は、昭和30年から令和5年までを三つの時代（昭和30～40年代、50年代～平成初期、平成中期から令和5年）に分けて記述、それぞれ、戦後復興と経済成長、戦後繁栄の頂点へ、国政低迷の時代と特徴づけている。それぞれの章節末にその時期に起こった各年の主な出来事を列記したが、その推移を眺めると、改めて、時代の移り行きを実感していただけると思う。

なお、各章に記述した数多くの事象には、それぞれに、当事者、関係者の個別具体的な動きや思い、評価などがあろうが、記述は要点に留めている。各論ともいうべき詳細は他日に譲りたい。

第1章　昭和30～40年代の日本～戦後復興と経済成長

1　昭和30年（1955年）代の日本―戦後復興と経済成長、55体制成立

・昭和27年4月28日　講和条約、安保条約発効、日本独立、主権回復。奄美、琉球、小笠原は米国の委任統治として残ったが、やがて、日本に返還された。独立達成、国内体制も整備されつつあった31年の経済白書は「最早、戦後ではない」と記述している。

・政治は、30年10月　左右社会党が統一して社会党（委員長鈴木茂三郎（１８９３～１９７０年））、11月　自由党、日本民主党が統一して自由民主党成立（総裁鳩山一郎（１８８３～１９５９年））。以降、与党自由民主党と野党社会党（加えて、民主党、共産党）が対立する55体制（１９５５年体制）が始まり、長く続く。

・戦時賠償など敗戦の後処理、国連、ガット、ＯＥＣＤ加盟など国際社会への復帰、戦後の発展のためのエネルギーや運輸交通網の整備、法制整備、官庁や団体新設が相次いで矢継ぎ早に行われた。一方、事件や災害も多発している。

・幾つかの景気の上下はあったが、総じて戦後復興、新規産業による高成長で、企業数は増加、生産規模拡大、増収増益で発展、人々の働き口は幾らでもあり、国民所得は上昇、国民生活は日々に良くなることを実感する時代であった。電気洗濯機、テレビ、電気冷蔵庫の三種の神器が普及する。

・人口は増加、農村から都市部への人口流入が顕著であった（総人口　30年９００８万人（市部　５０３５万人、郡部　３９５４万人）、40年　９９２１万人（市部　６７３６万人、郡部　３１８５万人）。

・39年の東京オリンピックは１つの節目となった。

イ　政治

講和条約、安保条約締結、独立を果たした吉田茂（１８７８～１９６７年）政権の後、鳩山一郎政権（昭和29年12月～31年12月）、組閣後まもなく病気で退陣した石橋湛山（１８８４～１９７３年）政権（31年12月～32年２月）の後、岸信介（１８９６～１９８７年）政権が成立。

①　岸信介政権（32年２月～35年７月）～安保条約改定

・当初の安保条約は、日本は米軍に基地を提供するが、米国の日本防衛義務の明記なく、また、内乱条項（日本国内で内乱が起きた場合、米軍が出動できる）があった。改定条約では、日本が外国から攻撃された場合の米国の防衛義務と日本施政権下にある米軍基地が外国から攻撃された場合の日本の防衛義務を定め、内乱条項は撤廃された。
・35年４月　条約が衆議院で自民党単独採決されたことを契機に全学連などの激しい安保阻止デモが起き、デモは国会を包囲、警官隊と衝突、死傷者も出たが、条約成立、岸内閣退陣。
・岸内閣の安保条約改正は適切なものであった。当時の学生デモは左翼（社会共産思想を進歩的とする風潮）、反権力（岸総理は戦前の政権幹部であり、そうした面での反発もあった）、大人に対する学生の反発もあったと思う。

①　池田勇人（1889～1965年）政権（35年7月～39年11月）

大蔵官僚出身の政治家。「寛容と忍耐」、「低姿勢」を掲げ（岸政権姿勢への反動から）、所得倍増計画策定、高度成長の立役者となった。39年開催の東京オリンピック後、病で退陣。

ロ　経済、社会、財政

・経済を支えたのは民間設備投資。重化学工業進展、国際競争力が強まる。それは、雇用機会の増大、国民生活の向上をもたらした。一方、外貨準備が少ないことから、成長が急過ぎると国際収支が赤字となり、金融引き締め（昭和28～29、32～33、36～37、39～40）による景気調整が行われた。
・35年頃を境に過剰労働力（失業者、終戦での海外からの引揚者など）解消。農業、中小企業、サービス業などの低生産性が顕在化、物価上昇に跳ね返った。
・30年代には、経済成長、国民生活向上を目指して4つの経済計画が策定された。30年第3次鳩山内閣の経済自立5か年計画（31～35年度　実質経済成長率目標年5％）、32年第1次岸内閣の新長期計画（33～35年度　成長率目標年5・8％）、35年　第1次池田内閣の国民所得倍増計画（36～45年度　成長率目標年7・8％、最初の3年は9％）、40年第1次佐藤内閣の中期経済計画（39～43年度　最初の3年は成長率目標8・1％）。成長の実績は計画を上回り（神武景気＝29年12月～32年6月、岩戸景気＝33年7月～36年12月）、内閣交代と共に計画は改定されている。
・37年　全国総合開発計画決定。
・財政は税収で全ての歳出を賄う均衡財政運営が行われた。36年には国民皆保険、皆年金開始、今日の福祉国家への基礎となった。
・戦前、とりわけ、昭和10年から20年敗戦まで、日支事変、太平洋戦争の戦費の多くは国債で賄われ、国債の消化は強制国民貯蓄と日銀引き受けに依った。国債残高は累増、終戦時には膨大なものとなり、多額の利払、償還費が生じていた。戦費は生産を生まず、消耗されるだけであり、加えて、戦争末期の空爆による生産設備の破壊、海外領土の喪失で終戦直後の日本経済は物不足による大インフレが生じた。インフレは、現預金財産の価値を大きく減じ、国民生活を苦しめることとなったが、膨大な国債残高はインフレで大きく減価、償還利払問題は解消した。戦前の国債乱発へ反省から、戦後に制定された財政法は国債発行を公共事業など資産として残り、国民が長くその便益を得るものに限定、日銀引き受け発行を禁じ、昭和30年代は国債発行なしの均衡財政、健全財政が行われた。

ハ　主な出来事

・30年　1月　衆院解散、シネラマ初公開、2月総選挙（民主党が第1党）、日本生産性本部設立、4月　台湾と貿易協定調印、土地区画整理法施行、5月　第1回国際見本市開催（東京）、砂川事件、紫雲丸事件（宇高連絡船沈没）、7月　日本住宅公団法成立、総評第6回大会（大田、岩井体制主導権掌握）、8月　石炭鉱業合理化臨時措置法成立、9月ガット加盟、10月　ビルマと賠償協定、日伊貿易協定調印、社会党誕生、愛知用水公団、農地開発公団発足、新潟市大火、11月　自由民主党誕生、日米原子力協定調印、12月　原子力基本法成立。

・31年　1月　原子力委員会、3月　森林公団発足、科学技術庁設置法成立（5月　科学技術庁発足）、日中文化交流協会発足、長崎市平和公園完成、4月　防衛2法、首都圏整備法成立、タイと貿易協定調印、道路公団発足、債券市場再開、5月　日本原子力研究所法、原子燃料公社法成立、フィリッピンと賠償協定調印、日ソ漁業条約調印、憲法調査会法成立、百貨店法、売春禁止法成立（33年4月施行）、水俣保健所が水俣病発表、ヒマラヤ・マナスル登頂成功、6月　新教育委員会法、国防会議法、憲法調査会法、工業用水法公布、7月　国防会議構成法成立、気象庁発足、8月　公共企業体等労働委員会発足、10月　日ソ国交回復共同宣言調印、佐久間ダム完成、比叡山延暦寺大講堂焼失、11月　南極観測船「宗谷」出航、エチオピア皇帝来日、12月　国連総会　日本加盟可決。

・32年　1月　ジラード事件（群馬県相馬が原射撃場で薬莢拾いの農婦が米兵ジラードに射殺された）、牧野富太郎没（植物学者、94歳）、2月　初の日ソ漁業委員会、日英通商協定調印、3月　岸信介　自由民主党総裁選出、日本不動産銀行設立、原爆被害者医療法制定、4月　国土開発縦貫自動車道建設法、高速自動車国道法成立、5月　東北開発促進法成立、株価暴落、6月　自然公園法、水道法公布、岸・蒋介石会談（岸　大陸反攻に同感言明）、5～6月　インフルエンザ流行、7月　西九州豪雨、諫早水害、ネール印首相来日、8月　文部省教員勤評実施通達（日教組反対）、9月　奈良県ニホンシカ天然記念物指定、10月　国連安保理非常任理事国に、５千円札発行、上野動物園にゴリラ登場、11月東京小河内ダム完成、12月　日ソ通商条約調印。

・33年　１月　インドネシアと平和条約、賠償協定調印、２月　日印通商協定、円借款協定調印、ロカビリー流行、３月　文部省道徳教育実施要項通達、関門国道トンネル開通、４月　学校保健法公布、衆院解散（話し合い解散）、５月　総選挙（自民２８８、社会１６６、共産１）、６月　阿蘇山大爆発、日英・日米原子力一般協定調印、７月　経済基盤強化資金法（国の予算の剰余金保留積立）成立、８月　日清食品即席チキンラーメン発売、９月　狩野川台風、伊豆地方大水害、10月　フラフープ大流行、11月　最低賃金法成立、12月　１万円札発行。

・34年１月　国民健康保険法、メートル法施行、２月　黒部トンネル貫通、３月　カンボディアと経済協力協定調印、４月　皇太子ご成婚、国民年金法成立、５月　南ベトナムと賠償協定調印、６月　国立西洋美術館開館、７月　児島明子ミス・ユニバースに、８月　最高裁松川事件上告審で原判決破棄差戻し判決、個人タクシー認可、９月　伊勢湾台風（死者５千人）、10月　国連社会理事会理事国に、12月　南極条約調印、最高裁砂川（東京都立川市の近く）事件（在日米軍立川飛行場拡張を巡りデモ隊が逮捕、起訴され、駐留米軍が戦力に該当するかが争われた）で原判決破棄差戻し判決（最高裁は日米安保条約のような高度の政治性を持つ条約は一見して違憲無効と認められない限り違憲か否かの判断は下すべきではないとした)。

・35年1月　新安保条約、行政協定調印、三井鉱山無期限スト突入（1～10月)、4月～6月　安保阻止国会デモ、5月　チリ沖地震で三陸海岸に津波、池田大作創価学会3代目会長就任、6月　ハガチー（米大統領特使）事件（羽田でデモ隊包囲)、安保阻止国会デモ全学連と警官隊衝突（6月15日　女子学生死亡)、7月　自治庁が自治省に昇格、池田勇人自由民主党総裁選出、8月　山谷ドヤ街住民交番襲撃事件、9月　カラーテレビ放送始まる、10月　浅沼社会党委員長刺殺される、衆院解散、11月　総選挙、12月　所得倍増計画閣議決定、年末　消費、レジャーブーム。

・36年　4月　国民年金・国民皆保険制度開始、ライシャワー米大使着任、5月　資本取引自由化、6月　農業基本法成立、国立がんセンター設置、7月　北陸トンネル貫通、新技術事業団発足、株価大暴落、8月　インドとの借款協定調印、大阪釜ヶ崎ドヤ街で暴動、9月　災害基本法成立、第2室戸台風、10月　株式第2市場開設、鹿児島市大火、中学2，3年生全員に全国一斉学力テスト、11月　水資源開発促進法、水資源開発公団法制定、災害対策基本法公布、第1回日米貿易経済合同委員会（箱根)。

・37年　1月　ガリオア・エロア返済協定調印、陸自8師団発足、流感流行（1～6月)、

3月　日米ガット関税取決め調印、4月　全日本労働総同盟組合会議結成、5月　国鉄三河島事故（三河島駅構内で列車脱線、多重衝突、犠牲者多数）、6月　ラオスと経済援助借款条約調印、北陸トンネル開通（日本最長）、7月　参議院選で創価学会9議席獲得、8月　堀江謙一単身太平洋ヨット横断成功、10月　全国総合開発計画閣議決定、11月　防衛施設庁設置、日英通商航海条約調印、日中総合貿易覚書（ＬＴ貿易、廖承志・高崎達之助覚書）、12月　都市スモッグ発生。

・38年　1月　裏日本大豪雪（死者76人）、2月　日ソ貿易協定調印、北九州市発足、3月　吉典ちゃん事件（40年7月犯人逮捕）、石炭合理化4法成立、4月　陸自にミサイル部隊設置、5月　日仏通商協定調印、狭山市事件（女子高生殺害、部落差別冤罪事件）、7月　ＯＥＣＤ理事会日本加盟承認、近畿圏整備本部発足、新産業都市（13か所）工業整備特別地区（6か所）閣議決定、9月　最高裁松川事件再上告審破棄無罪確定、10月　東海原子力発電所完成、衆院解散（11月総選挙）、11月　ケネディー米大統領暗殺、国鉄鶴見事故（死者１６１人）、三池三井鉱山ガス爆発（死者４５８人）、新千円札発行、観光渡航自由化、12月　最高裁　砂川事件再上告棄却（被告有罪確定）。

・39年　4月　ＩＭＦ８条国移行、開放経済体制に、沖縄に関する日米協議委員会設置、宇宙航空研究所発足、三菱重工発足（三菱造船、新三菱重工、三菱日本重工合併）、6月

林業基本法成立、新潟大地震、厚生省に公害課新設、7月　米原潜日本寄港受諾、9月　ＩＭＦ世銀東京総会（加盟は27年）、常陸宮家創立、琵琶湖大橋開通、羽田空港～浜松町モノレール開通、10月　東海道新幹線営業開始、第18回オリンピック東京大会、11月　全日本労働総同盟発足、シンザン三冠馬、公明党結成、12月　佐藤栄作　自由民主党総裁選出、日本特殊鋼倒産会社更生法適用。

2　昭和40年代の日本—高度成長と陰り

昭和40年代前半は高度成長、後半は多事多難であったが、経済成長を疑わない時代であった。

経済成長のもたらした公害問題が社会的に認識され、解決が必要とされ始めた時代、列島改造論など代表される国土乱開発が生じ、自然保護との軋轢が生じた時代であった。

終戦直後は飢餓問題の解決が最重要の国策の一つであったが、昭和40年代には米の国内自給が達成され、飽食の時代へと移っていく。一方、農村からの人の流失、貿易自由化、国民の食生活の変化が始まり、食糧自給率の低下が始まった。

日本の経済力復活とともに日本の国際的地位も復活していくが、日米貿易摩擦が生じていく。一方、国際通貨となったドルの金とのリンクは困難となり、為替フロートへと動いていく。

イ　政治

① 佐藤栄作（１９０１〜１９７５年）**政権**（昭和39年11月〜47年7月）

鉄道官僚出身の政治家、岸信介の実弟。

46年　ニクソン米大統領と沖縄返還協定調印、47年5月15日　核抜き、本土並みの沖縄施政権返還。最大の懸案戦後処理実現。

長期安定政権で自由民主党の政権基盤が固められた。

② 田中角栄（１９１８〜１９９３年）**政権**（47年7月〜49年12月）

・田中は39歳で郵政相、その後、蔵相、通産相、自民党幹事長を経て、佐藤後継と目されていた福田赳夫（１９０５〜１９９５年）を総裁選で破って自民党総裁となり、政権を担った。日本列島改造論展開（新幹線、高速道路などの交通網、通信体系整備）、土地投機を招いた。政治家・官僚・各種業界団体のいわゆる鉄の三角形ができていく。

47年9月　日中国交回復、48年　石油危機で狂乱物価発生。

49年　ロッキード事件で退陣

同事件は米ロッキード社から全日航（若狭徳治社長）への新旅客機トライスター売り込

みを巡る田中角栄などへの贈収賄事件で、丸紅、児玉誉士夫（右翼）、小佐野賢治（政商）などが関連、逮捕、起訴された。米国との外交問題にも発展。

・田中は、退陣後も１００人ほどの議員の派閥勢力を保ち、闇将軍と言われ、政局に力を持った。58年10月　ロッキード事件１審で懲役４年の実刑判決、中曽根康弘（１９１８～２０１９年）総理が距離を置き始め、60年４月　田中派の竹下登（１９２４～２０００年）が創政会立ち上げ派閥分裂。直後、脳梗塞で倒れ力を失った。

ロ　経済、社会、財政

①　建設国債によるフィシカル・ポリシー

・39年の東京オリンピック後、景気後退、税収が予算を下回り、歳入欠陥を生じた。財源不足を補うため、戦後長らく発行しなかった国債発行（特別法提出）に踏み切った。その後、毎年国債発行の予算となったが、発行される国債は財政法で認められた建設国債（公共事業などの財源に限定）で、市中消化、60年償還とし毎年償還財源積み立て、総合予算主義（補正予算は組まない）、国債依存度（歳出の国債への依存度）を５％まで引き下げることが目標とされた。

建設国債発行はフィシカル・ポリシーの展開と喧伝された（福田赳夫蔵相）。

・景気は回復、40年10月から45年7月まで「いざなぎ景気」と呼ばれる好況が続き、経済成長率は連年10％を超えた。財政の国債依存度も漸減、46年度当初予算では4・5％まで減少、財政健全化も進んだ。しかし、45年7月から46年12月　景気後退、国債活用の積極財政が採られ、国債依存度は上昇する。

②　石油ショックと狂乱物価、マイナス成長と赤字財政へ

・48年秋　第1次石油ショック（10月　イスラエルとアラブ諸国との間に第4次中東戦争勃発、石油価格高騰（48年にはバレル当たり単価3ドルが12ドルへ、（53年のイラン革命では13ドルから35ドルへ（第2次石油ショック）））、49年まで続く狂乱物価生起（48、49年度の消費者物価、卸売物価ともに対前年度比約2割上昇）。49年度はマイナス成長となり、日本経済は混乱に陥った。

49～50年、主要5か国は全てマイナス成長となり、50年11月　ランブイエサミット開催（日米英仏独伊　オイルショックによる世界的経済危機につき協議）、51年にはG7サミットとして定着した。

・非常時と認識され、田中総理に請われて政敵福田赳夫蔵相再任。福田は総需要抑制策実施、狂乱物価を沈静化させたがマイナス成長（国民総生産減少）となり、税収欠陥（財政赤字）発生。50年度には欠陥補填のため赤字国債発行。

③　ドルショック、為替フロートへ

大戦後に発足した国際通貨についてのブレトンウッズ体制は、各国通貨レートをドルと固定（円は1ドル３６０円）、1トロイオンス＝35ドルで金兌換とする金・ドル本位制採用、継続してきた。米国が貿易赤字、インフレ、不景気に陥り、昭和46年（１９７１年）8月15日　ニクソン米大統領はドルと金の兌換停止発表。

12月　スミソニアン合意（各国通貨とドルの為替レートを再度固定することで合意（日本は16．９％の円切上げ合意）。ドルと金の兌換は復活しなかった）。

48年（１９７３年）2月　主要国は為替フロート（為替変動相場制）に移行。

米国はドル発行の制約がなくなり、国際通貨ドル発行自由の特権を享受することとなった。

④　公害問題

経済成長の結果生じた公害問題が顕在化（水俣病、四日市喘息、イタイイタイ病など）、多くの人々、社会に意識され、昭和42年　公害対策基本法制定（大気汚染・水質汚濁・騒音・振動・悪臭・地盤沈下による人の健康、生活環境被害を公害とし、事業者、国、地方公共団体の責務、事業者の公害防止費用負担など規定）、45年の公害防止国会で関係法整備が行われ、46年　環境庁設置、47年　自然環境保全のための自然環境保全法制定。

多発する公害問題、国土乱開発による自然環境破壊問題の解決を巡って、40年代後半から平成初期にかけて環境庁は経済界と対立する存在となった。21世紀には問題は地球環境にシフトし、経済界も認識を共にしている。

⑤　農業の曲がり角

ⅰ　農村から都会へ人口流失

昭和30、40年代の高度成長、都市化（工場、事業所、店舗など人の働く都市部の増加）、労働力需要増は、農村から、終戦による引揚者、農家の若者の都市への急速な移動をもたらし、その流れは続いた。都会の魅力が農村の人々を引き付けた面もあろう。経済成長のもたらしたものであったが、農業サイドからみれば農村人口の流失であり、農業後継者不足、中山間地の離農、耕作放棄地の発生、過疎化などの問題を惹起、今日に続く問題を生じた。

ⅱ　食糧問題

・終戦直後、日本国内は飢餓状態にあり、食糧、とりわけ主食の米の増産は重要国策であった。土地改良・整備、農地開発（八郎潟干拓など）、品種改良、化学肥料・農薬使用、農作業機械化などにより、米生産は昭和42年には国内自給達成、以降は、稲作は生産調整、減反政策へ移行する。農地面積は昭和35年　607万haを最大とし、以降は減少に転じた（平成27年　４５０万ｈａ）。

・国民の食への志向は昭和40年代以降、大きく変化する。１人当たりの食糧消費は、昭和40年　２４５９ｋｃａｌ、令和1年　２４２６ｋｃａｌとほぼ同じだが、消費内容は、主食が米から麦へシフト、副食も洋風化した（昭和40年と令和1年を比較すると、米消費は１０９０から５１９ｋｃａｌに減少、畜産物は１５７から４３２ｋｃａｌ、油脂類は１５９から３６４ｋｃａｌに増加）。

・農産物貿易自由化が進み、小麦、大豆、トウモロコシ（主として家畜飼料）は需要の殆どを輸入に依存、食糧自給率（カロリーベース）は40年73％から令和2年には38％に激減している。これまでは穀物などの農産物輸入が確保されてきたが、食糧は重要戦略物資である。今日の米中対立を軸とした世界情勢、地球環境問題も考えると食糧の大幅な輸入依存は食糧安全保障の点から問題がある。主食の米作の重要性の再認識、農地の減少ストップ、日本の食糧自給率の向上は急務となっている。

ハ　主な出来事

・40年　3月　愛知県犬山市に明治村開村、5月　佐々木更三（１９００～85年）社会党委員長就任、山村振興法、八郎潟新農村建設事業団法公布、行政管理委員会設立、山一証券破綻、6月　ＩＬＯ加盟、日韓基本条約調印、公害防止事業団法、新東京国際空港公団法成公布、9月　日中総合貿易協定（ＬＴ）調印、10月　朝永振一郎ノーベル物理学賞、12月　日韓条約批准、石油ガス税法、譲与税法成立、安保理非常任理事国に。

・41年1月　日ソ航空協定調印、古都における歴史的風土の保存に関する特別措置法成立、2月　全日空機　羽田沖墜落（１３１人死亡）、3月　カナダ航空機羽田防潮堤激突炎上（死者64人）、ＢＯＡＣ機富士山上空で空中分解（死者１２４人）、4月　公労協・交通共闘統一スト、ＮＨＫテレビ「おはなはん」開始、6月　ＩＬＯ87号条約発効、基地基本法成立、祝日法改正（敬老の日、体育の日）、7月　東京国際空港（成田）公団発足、野菜生産出荷安定法成立、8月　アジア開発銀行設立協定発効、9月　台風26号関東、中部地方大被害（死者３００人）、11月　国立劇場開場、12月　衆院解散。

・42年1月　衆院選（自民得票率50％割れ、公明党25議席）、2月　竹入義勝（１９２６年〜）公明党委員長選任、4月　美濃部亮吉（１９０４〜84年　マルクス経済学者）東京都知事当選、6月　民主党委員長西村栄一（１９０４〜71年）選任、ケネディラウンド調印、8月　公害対策基本法公布　社会党委員長勝間田清一（１９０８〜89年）選任、10月　吉田茂没（国葬）、11月　帝国ホテル旧館解体。

・43年1月　東大紛争の発端の医学部スト、日米貿易経済合同委員会ホノルル会議（ドル防衛に協力)、米原子力空母エンタープライズ佐世保入港、2月　えびの地震、3月　科学技術基本法成立、スハルトインドネシア大統領来日、第2次日中総合貿易協定調印、4月　チトーユーゴ大統領来日、霞が関ビル完成（147m)、5月　十勝沖地震、イタイイタイ病公害病認定、消費者保護基本法公布、6月　文化庁発足（長官今日出海)、都市計画法成立、東大学生安田講堂占拠機動隊出動、小笠原諸島日本に返還、騒音規制法、大気汚染防止法公布、7月　郵便番号制度発足、参院選（社会党敗北、タレント候補上位当選)、8月　日本初の心臓移植手術（札幌医大)、9月　水俣病公害病認定、日大大学紛争で学生占拠経法学部に機動隊出動、10月　成田知己（1912～79年）社会党委員長選任、川端康成（1899～1972年）ノーベル文学賞、国際反戦デーデモに騒乱罪適用、11月　明治百年祭挙行（日本武道館)、初の沖縄主席選挙屋良朝苗当選、12月　東京府中で3億円強奪事件。

・44年　1月　東大紛争封鎖解除、東大入試中止発表、2月　南極観測隊極点往復成功、3月　第2次資本自由化実施、日米繊維交渉開始、八幡、富士製鉄合併契約調印、5月　国家公務員総定員法成立、自主流通米制度発足、東名高速道全通、初の公害白書、6月　反安保統一集会（べ平連など)、原子力船「むつ」進水、10月　宇宙開発事業団発足、11月　日米首脳会談（沖縄1972年返還、安保堅持を日米共同声明)、12月　ＩＭＦ理事国に、衆院解散、総選挙（自民伸長）。
・45年1月　国際決済銀行正式加盟、2月　国産人工衛星「おおすみ」打上げ、核拡散防止条約調印、3月　3万人市制法成立、大阪万博（3〜9月）、赤軍派学生よど号ハイジャック事件（平壌へ）、5月　日本山岳会エベレスト登山隊登頂成功、7月　東京に光化学スモッグ発生、8月　東京で歩行者天国始まる、9月　第3次資本自由化実施、10月　初の防衛白書発表、11月　三島由紀夫（１９２５〜70年）防衛庁乱入、自決、12月　公害諸法成立、12月〜46年1月　米、日本製テレビ、板ガラスのダンピング認定。
・46年2月　成田空港用地強制代執行、中国国連加盟、ラムサール条約加入、3月　名古屋で第31回世界卓球選手権大会、第1銀行と日本勧業銀行合併契約調印、多摩ニュータウン入居開始、4月　天皇皇后陛下初めて広島原爆慰霊碑参拝、6月　沖縄返還協定調印、悪臭防止法公布、7月　環境庁発足（初代長官　大石武一）、全日空機と自衛隊機空中接触事故（１６１人死亡）、8月　民社党委員長春日一幸（１９１０〜89年）選任、参院選（自民大敗、社共進出）、9月　竹入公明党委員長刺傷事件、天皇・皇后陛下西欧諸国歴訪、10月　沖縄国会、11月　自民党、沖縄返還協定特別委員会で返還協定強行採決、12月　沖縄関係5法成立、先進6か国通貨会議、スミソニアン体制なる、円切り上げ（1ドル基準レート３０８円）。

・47年1月　日米繊維協定調印、超党派訪朝議員団平壌へ、グァム島で元軍人横田庄一（1915～97年）発見、2月　モンゴルと国交樹立、札幌冬季オリンピック、連合赤軍浅間山荘立てこもり事件（人質救出、5人逮捕、警官2人死去）、3月　山陽新幹線岡山まで開通、奈良県明日香村高松塚古墳の壁画発見、4月　川端康成自殺、5月　沖縄県発足、アラブゲリラに入った日本人3人、テルアビブ空港で自動小銃乱射事件、6月　佐藤総理退陣表明、田中角栄「日本列島改造論」発表、最高裁日照権認定、自然環境保全法公布（48年12月施行）、7月　田中角栄　自由民主党総裁選出、9月　田中総理訪中、日中共同声明、国交正常化、10月　パンダが中国から到着、11月　北陸トンネル内で列車炎上（死者30人）、12月　衆院選（共産党が第3党に、公明、民社後退）。

・48年1月　北京に日本大使館、2月　円、変動相場制へ（1ドル265円）、4月　貿易自由化100％決定、大相撲北京興行、環境庁第1回自然環境保全調査スタート、7月　資源エネルギー庁発足、自民党青嵐会（若手議員）発足、8月　金大中韓国大統領候補が韓国特務機関に連行される、9月　北ベトナムと国交樹立、筑波大学法成立、10月　中東戦争で石油危機、江崎玲於奈（1925年～）ノーベル物理学賞、化審法、公害健康被害補償法公布、11月　狂乱物価起こる、12月　国民生活安定緊急措置法成立、森永ミルク中毒事件で被害者・森永・厚生省和解成立。

昭和40～50年の成長率の推移

年	40	41	42	43	44	45
実質	5.7	11.2	11.2	12.5	12.1	9.6
名目	10.6	17.6	17	18.3	18.4	15.7

年	46	47	48	49	50
実質	5	9.1	5.1	0.5	4.0
名目	10.1	16.4	21	18.6	10

・49年　1月　日中貿易協定調印、３月　ルバング島から小野田寛郎（１９２２～２０１４年）元陸軍少尉帰還、４月　モナリザ一般公開（東京国立博物館）、動物愛護法施行、５月　伊豆半島沖地震（死者行方不明者29人）、６月　国土庁発足、生産緑地法、国土利用計画法公布、７月　参院選（保革接近）、8月　東京丸の内三菱重工本社玄関で爆弾爆発（重軽傷者３００人）、９月　利尻・礼文・サロベツ国立公園指定、10月「文芸春秋」が田中総理の金脈・人脈暴露、佐藤栄作ノーベル平和賞、プロ野球長嶋茂雄（１９３６年～）引退、サリドマイド訴訟和解成立、11月　フォード米大統領来日、田中総理辞任表明、椎名裁定で三木武夫（１９０７～88年）自由民主党総裁選任、12月　雇用保険法成立。

第2章　昭和50年代から平成初の日本――戦後繁栄の頂点へ

昭和50年代から平成初の時代は、昭和30～40年代に比べれば成長率は鈍化したが、実質5％程度の成長は続き、未来の発展を信じる明るい時代であった。

米英仏加（第2次大戦戦勝国）に加え、日独伊（同敗戦国）が世界の大国となり、毎年、首脳サミット会合が始まった。

昭和末期から平成にかけて日本経済は繁栄の頂点を迎え、国内株・土地価格高騰、日本資本による米国のビル・土地・企業の買収、世界の名画買いなどが行われた（バブル経済）。

日本経済の躍進は米国との貿易摩擦を生じ、米国による日本パッシングが続く。

政権は自民党が担い、社会党が反対勢力としてそれなりの力を持った。

福田赳夫、大平正芳、中曽根康弘、竹下登総理などが登場、それぞれビジョンを持ち政権担当、実績を残した。

昭和49年に石油ショックの影響でマイナス成長、50年に大幅な税収欠陥となり赤字財政となったが、財政規律を重視、平成初には赤字財政から脱却（赤字国債発行０）する。

１　政権、政策の推移

イ　三角大福中時代

歴代総理の頭文字、角は田中角栄（この時代にも隠然たる影響力を持った）

①　三木武夫政権（昭和49年12月～51年12月）

・田中角栄政権後、椎名（自民党副総裁椎名悦三郎（１８９８～１９７９年））裁定による政権。

・狂乱物価鎮静の結果生じたマイナス成長のため税収激減、50年度の税収欠陥を埋めるため赤字国債発行、51年度以降、当初予算から赤字国債依存の赤字財政が始まった（蔵相大平正芳（１９１０～８０年））。

・51年7月　ロッキード疑惑で田中前総理逮捕、11月　天皇在位50年式典。

②　福田赳夫政権（51年12月～53年12月）

・52年に米国は国際収支（経常赤字）回復のため主要国に景気刺激策を求めた。日本は赤字財政下にあったが、福田総理は、53年7月のボンサミットで日本の経済成長率引き上げを公約（景気機関車論、各国も同様）、国債発行による積極財政を採った。

・52年9月　ダッカ空港で日航機ハイジャック事件起こる。福田総理は「人命は地球より重い」として6人の刑事被告人、囚人引き渡しに応じた。
53年10月　鄧小平（１９０４～９７年）中国国家主席来日、日中平和友好条約批准。
・11月　自民党総裁選で大平正芳に敗れ、「天の声にも変な声はたまにはある」と発言。

③　**大平正芳**（１９１０～８０年）**政権**（53年12月～55年4月）

・自由民主党総裁選で福田赳夫に勝利して政権の座に。田園都市構想、環太平洋連帯構想、増税による赤字国債依存財政脱却（大平は赤字国債発行時の蔵相として責任を感じていた）を政治課題とした。
・55年　自民党内で主流（大平）派、反主流（福田）派の40日抗争生起、野党の大平内閣不信任案に反主流派欠席、内閣不信任案可決、大平総理は衆院解散。選挙中の55年4月急逝、伊藤正義（１９１３～９４年）官房長官が臨時代理。選挙は自民党勝利。

④　**鈴木善幸**（１９１１～２００４年）**政権**（55年7月～57年11月）

・第2次臨時行政調査会（土光敏夫（１８９６～１９８８年）会長、瀬島隆三（１９１１～２００７年）が裏方として活躍）発足。
・57年9月　財政事情非常事態強調。

⑤　中曽根康弘（１９１８～２０１９年）**政権**（57年11月～62年11月）

・発足当初は田中曽根内閣と評され、田中角栄元総理の影響が取沙汰された。後藤田正晴（１９１４～２００５年）を官房長官に、自民党実力者の安部晋太郎（１９２４～９１年）を外相、竹下登（１９２４～２０００年）を蔵相に登用、長期安定政権となり、レーガン（１９１４～２００４年）米国大統領と親密な関係を築いた。

・増税なき財政再建を標榜、第２臨調活用、行政改革。

３公社民営化（60年　電電公社を日本電信電話（ＮＴＴ）、専売公社をタバコ産業（ＪＴ）とし株式会社化。62年　国鉄を旅客鉄道6社（ＪＲ）と日本貨物に分割、株式会社化）、規制緩和など。

ロ　安竹宮時代

三角大福中政権後、実力者は安竹宮に代替わりする。

①　竹下登（１９２４～２０００年）**政権**（62年11月～平成元年6月）

中曽根後継候補として、世上、安竹宮（安倍、竹下、宮沢）が挙げられていたが、中曽根裁定で竹下政権誕生。

竹下は「ふるさと創生」を政治目標に掲げ、財政では税制改革、消費税を実現。

ⅰ　税制改革、消費税導入

63年12月　法案成立、平成元年４月　施行となった税制改革は、消費税導入（税率３％）、物品税廃止、所得・法人税減税を中心とするもので、戦後の直接税中心の税体系に大型間接税を組み込む大きな税制改革であった。

（竹下が４年間蔵相を務めた中曽根内閣では「投網をかけるような幅広い間接税」導入の議論が国会などで行われていた。）

ⅱ　平成時代へ

64年１月７日　闘病中の昭和天皇没、皇太子即位、平成と改元。

ⅲ　退陣

平成元年４月15日　リクルート疑惑事件で退陣。

竹下は、「駕籠に乗る人、担ぐ人、そのまた草履を作る人」、「汗は自分でかきましょう、手柄は人にあげましょう」の語をよく口にした。気配り、人との関係を気遣う、忍耐強い政治家であった。

②　宇野宗祐（１９２２～９８年）**政権**（平成元年６月３日～８月９日）

・リクルート事件で倒れた竹下政権の後、竹下の推挙で政権担当。女性問題で躓き、短命内閣で終わった。

・7月23日　参議院議員選挙。野党は消費税廃止主張、リクルート事件の影響もあり自民党惨敗（自民36、社会46議席、自民は非改選と合わせて議席数109（定数252））、参議院は与党自民党過半数割れの「ねじれ国会」となった。社会党土井たか子（1928～2014年）委員長は、参議院選挙の結果を「山が動いた」とした。翌年初の衆議院議員選挙に自民党勝利。消費税は、非課税対象の若干の追加、益税見直しなど与野党合意の微修正で定着。

③　海部俊樹（1931～2022年）政権（1年8月9日～3年11月5日）

i　政治改革法案を巡る動き

リクルート事件を経て政治改革必要論が高まった。

海部総理、小沢一郎（1942年～）自民党幹事長を中心に小選挙区比例代表制法案作成、3年の通常国会提出を図ったが、制度改正反対派と反竹下派が反対（山崎拓（1936年～）、加藤紘一（1939～2016年）、小泉純一郎（1942年～）（YKK））、国会提出は出来ず。

3年4月　自民党幹事長が小沢から小渕恵三（1937～2000年）に交代。

8月5日　政治改革法案国会提出、9月30日　小此木彦三郎（1928～91年）委員

長（自民党）が、突如、審議未了、廃案宣告（自民党内反対派の意向反映）。海部総理は解散決意するが解散できず、退陣要求を受け退陣。

ⅱ　**湾岸戦争を巡る動き**

２年８月　イラクがクゥエート侵攻、併合、３年１月　米国主体の多国籍軍がイラク攻撃（米国大統領はブッシュ）、２月　クゥエート解放、勝利宣言、３月４日　停戦協定。日本は法制上自衛隊を派遣出来ず、総額１３０億ドルの資金拠出。国際的に評価されなかった。海上自衛隊掃海艇をペルシャ湾に派遣。

④　**宮沢喜一**（１９１９～２００７年）**政権**（３年11月５日～５年８月９日）

ⅰ　**ＰＫＯ法成立、カンボジアへ自衛隊派遣**

４年６月　ＰＫＯ協力法成立（自衛隊は国連の平和維持活動に参加できることとなる。社会党は参議院本会議で牛歩戦術で抵抗）。

９月　陸上自衛隊６００人、カンボジアの総選挙監視に派遣（武装グループの襲撃を受け、１人死亡、４人負傷事件生起）。

ⅱ　**金丸事件、竹下派分裂**

４年８月　金丸信（１９１４～96年）自民党副総裁の東京佐川急便からの５億円不正献金受領発覚、竹下派会長辞任、10月　国会議員辞職。

後継会長を巡り、小沢一郎支持派と反対派が対立、竹下元総理の指示で小渕会長と決まった。竹下派分裂、40人が羽田孜（１９３５～２０１７年）蔵相を代表とする羽田派形成（含　小沢一郎）、12月　羽田派は竹下派離脱、政治改革を前面に掲げた。

ⅲ　宮沢総理不信任、解散、自民敗北

5年　与野党各々の議員立法の政治改革法を巡り与野党対立のなか、6月　野党提出の宮沢内閣不信任案可決。

6月18日　宮沢総理は衆議院解散、選挙結果は自民２２３議席、衆議院の過半数議席のポジションを失う。

6月　自民党の武村正義（１９３４～２０２２年、自治官僚出身、滋賀県知事、竹下派衆議院議員）等が新党さきがけ結成（鳩山由紀夫（１９４７年～）、園田博之（１９４２～２０１８年）など10人参加）、政治改革実現を標榜。

羽田孜、小沢一郎が新生党結成（衆議院36、参議員8人参加、金丸後継争いに敗れた竹下派）。

⑤　安竹宮の時代

ⅰ　安竹宮時代

この時代、竹下登、宮澤喜一は政権を担ったが、他にも総理候補として安部晋太郎、渡

辺美智雄（1923～95年）、中川一郎（1925～83年）などが活躍した。

・安部晋太郎は、中曽根内閣で長く外相を務め、竹下政権では自民党幹事長、次期政権を期待されたが、リクルート事件に関わり幹事長辞任、平成1年4月　罹病、3年5月　病没。

・中曽根の後、同派を継承した渡辺美智雄は、蔵相、副総理外相など歴任、活躍したが、平成7年9月　病没。中川一郎は昭和58年1月　自殺。

ii　リクルート事件

リクルート事件とは、リクルート（情報出版業）関連の不動産子会社リクルートコスモスの未公開株をリクルート代表江副浩正（1936～2013年）が上場前に政治家など有力者多数（竹下、安倍、宮沢、中曽根、渡辺（美）、森喜朗など）に融資を斡旋して取得させ、上場で多額の利益を得させた事件で、中曽根内閣官房長官藤波孝生（1932～2009年）、公明党池田克也（1937年～）が収賄容疑で起訴され有罪、多くの政治家が失脚、政治改革の契機となった。

2　経済、財政再建

・石油ショックによる物価高騰、その鎮静化のための総需要抑制により、49年にはマイナス成長となり、50年度には税収欠陥を生じ、歳入を補塡するため国債発行、財政赤字を国債発行で賄う財政となった。赤字財政は続き、50年度末で国債残高14・9兆円、国債費（利払、償還費）8千億円であったものが、55年度末には、夫々、70・5兆円、4・4兆円と急増した。

・大平総理は、蔵相当時に赤字財政となった責任を感じ、総理になって赤字財政脱却（毎年度の予算の財源としての赤字国債を発行0とする）を目指した。総理在任中に亡くなり、志は果たせなかったが、55年度以降、財政再建が国政の重要課題となった。56、57年度に景気の落ち込みで税収欠陥、財政赤字が大きく拡大したことも財政再建を促す要因となった。

・58～62年度の間、予算要求にマイナスシーリング（要求枠）を設け、当初予算の一般歳出（歳出全体から地方交付税と国債費（自動的に歳出が決まる義務的経費）を除いた歳出）を前年度以下に抑える歳出抑制の予算編成が続けられた。

経済は59年度には実質4％成長を回復、61年度は3・2％となったが、その後、平成2年度まで5％前後成長、企業は高収益が続き、税収増加。

平成2年度には、赤字国債依存、財政赤字から脱却した。

・昭和末期から平成初期は日本経済の頂点とも言える時期で、繁栄を謳歌した時代であった（土地、株価が高騰、その後、暴落したことからバブル経済とも呼ばれる）。日本経済のプレゼンスが米国に迫ったことで、米国の日本バッシングを招いた。

3　日米貿易摩擦

日本の経済的プレゼンス上昇とともに日米貿易摩擦問題が表面化した。

・１９７２年（昭和47年）に繊維、77年に鉄鋼、カラーテレビ、80年代に入り、自動車、牛肉、オレンジ、85年に投資、金融、サービス市場が問題視され、米国によるジャパン・バッシングが続いた。

・81年に登場したレーガン政権は、小さな政府を標榜し大減税、強い米国復活として対ソ強硬姿勢と大規模軍拡・高成長・強いドル（ドル高）を求め、日本の対米貿易収支黒字に強い不満を示し、その因は規制にあるとしてアンフェア―を主張。

85年に国務長官に就任したジェームス・ベーカーは日本に内需拡大を求める。85年9月22日プラザ合意（円高誘導で為替相場安定）、円ドルレートは、9月20日　２１１円、12月　２００円、86年3月　１８０円と推移。

同年の日米構造協議で、日本は10年間で４３０兆円の国内公共投資約束。

87年2月　ルーブル合意（為替レートを現在の水準周辺に安定させることを促すため緊密

に協力する)。
10月19日　ブラックマンデー(ニューヨーク株式相場22 6%下落)。
同年　レーガン政権は日本製パソコン、カラーテレビなどに100%の制裁関税適用。
・89年　ブッシュ(1924~2018年)政権の日米構造協議スタート。
日本の経済力に陰りが出るまでジャパンパッシングは続いた。

4　主な出来事

・50年3月　新幹線岡山~博多間開通、5月　エリザベス英国女王(1926~2022年)夫妻来日、日本女子登山隊エベレスト登頂、紅茶キノコブーム、6月　佐藤栄作国民葬(74歳没)、宅地開発公団法成立(9月発足)、7月　私学振興助成法成立、皇太子(1933年~)殿下夫妻沖縄訪問、沖縄海洋博覧会、育児休業法公布、8月　三木総理終戦記念日に個人の資格で初靖国参拝、問題化、9~10月　天皇(1901~1989年)皇后(1903~2000年)陛下米国訪問、11月　スト権奪回を目指す公労協スト(国鉄全線ストップ)、先進6か国首脳ランブイエ会議、東京宝塚「ベルサイユのばら」ヒット、12月　文部省学校主任設置決定、倒産件数戦後最悪。
・51年　1月　平安神宮焼失、専修学校制法施行、2月　ロッキード社の対日売り込み工作資金問題化、風疹大流行、６月　河野洋平（１９３７年〜）新自由クラブ結成、日豪基本条約調印、先進７か国首脳サンファン会議、７月　田中前総理逮捕、９月　ミグ25戦闘機函館空港強行着陸ソ連空軍中尉亡命表明、台風17号長良川堤防決壊、11月　天皇在位50年式典、12月　衆院選挙（自民後退）、三木総理退陣表明、自民党両院総会で福田赳夫総裁選出。

・52年　３月　ワシントンで日米首脳会議、田中絹代没（女優　67歳）、４月　マルコス比大統領（１９１７〜８９年）訪日、５月　領海12海里法、漁業水域２００海里法成立、北朝鮮代表団来日、大学入試センター発足、６月　和歌山県有田市でコレラ発生、７月参院選（与野党逆転ならず）、８月　北海道有珠山噴火、９月　ボンベイ離陸後日本赤軍日航機ハイジャック事件（10月　アルジェリアで全員解放）、王貞治（１９４０年〜）７５６ホーマー国民栄誉賞、10月　円高（１ドル＝２５０円割れ）不況深化、11月　佐々木良作（１９１５〜２０００年）民社党委員長選任、ハイジャック防止法成立、立川基地返還、国立民族博物館開館、参院選（自民党過半数確保）、12月　飛鳥田一夫（１９１５〜９０年）社会党委員長選出（53年３月　全党員選挙で信任）。

・53年　１月　石油税新設、２月　社会民主連合発足（代表田英夫（１９２３〜２００９年））、３月　成田空港反対派空港管理室管制室占拠、政府開港延期（３月30日の予定）、

5月　成田国際空港開港、植村直巳（1941～84年）単身北極点到達、6月　石油国家備蓄制度化、7月　古賀政男没（作曲家　73歳）、9月　稲荷山古墳鉄剣銘文発見、10月　鄧小平中国国家主席来日・日中平和友好条約批准・発効、特定不況地域法成立、男子世界体操団体総合V10、11月　自民党総裁公選大平正芳選出、インベーダーゲーム流行。

・54年　1月　国公立大、初の共通1次学力試験実施、2月　ダグラス・グラマン事件で日商岩井副社長海部八郎など国会喚問（4月　逮捕）、3月　全国労働組合総連合発足、4月　創価学会会長に北条浩（1923～81年）選任、池田大作勇退、5月　日比通商航海条約調印、本四架橋大三島橋開通、6月　カーター（1924年～）米国大統領が国賓として来日、東京サミット、元号法公布、7月　ガット東京ラウンド議定書署名、9月　冷夏で水稲大不作、10月　衆院選（自民党単独過半数割る、共産党進出）、木曽御嶽山噴火、11月　プロ野球広島カープが初の野球日本一。

・55年　3月　過疎地域振興特別措置法公布、4月　日米自動車交渉開始、松下政経塾発足、5月　華国鋒（1921～2008年）中国首相来日、映画「影武者」グランプリ獲得、大平内閣不信任案可決衆院解散、大内兵衛没（経済学者　91歳）、6月　ベネチア・サミット　衆参同時選挙、大平総理、選挙中に病没（70歳）・自民党圧勝、南アルプス林道開通、7月　鈴木善幸自民党総裁選出、冷夏、東北・北海道凶作、11月　王貞治（19

40年～）、野村克也（1935～2020年）、山口百恵（1959年～）引退。
・56年　2月「2月7日　北方領土の日」決定、ローマ法王ヨハネ・パウロ2世来日、市川房江没（政治家、87歳）、3月　公務員週休2日制施行、神戸ポートアイランド博覧会開幕、日本人の死因ガン1位（脳卒中を抜く）、4月　行政改革推進本部発足、5月ポーランド・ワレサ議長来日、7月　放送大学学園発足、オタワ・サミット、臨調第1次答申、8月　国鉄累積赤字6・5兆円、10月　北海道夕張炭鉱ガス爆発（死者93人）、12月　福井謙一ノーベル化学賞。
・57年　2月　江利チエミ歿（歌手、45歳）、赤坂ホテルニュージャパン火災（死者33人）3月　東京金取引所設立、上野動物園100周年祝典、4月　ミッテラン（1916～96年）仏大統領来日、5百円硬貨発行、5月　趙紫陽（1919～2005年）中国首相来日、6月　ベルサイユ・サミット、東北新幹線大宮～盛岡間開業、7月　臨時行政調査会基本答申提出、教科書で「日本軍侵略」を「進出」と書き換え中国・韓国反発（11月検定基準に近隣アジア諸国への配慮追加）、8月　老人保健法成立（58年2月施行）、9月サッチャー（1915～2013年）英首相来日、三越岡田社長解任（10月　特別背任容疑で逮捕）、10月　商法改正法施行（総会屋締出し）、鈴木総理退陣表明、プロ野球ロッテ落合三冠王、11月　上越新幹線大宮～新潟間開業、中曽根内閣発足、12月　戸塚ヨットスクール事件、飛鳥山田寺遺構出土。
・58年　1月　中曽根総理、日本国総理として初訪韓（安倍外相、竹下蔵相随行）、自民党中川一郎自殺、中曽根総理訪米（日米運命共同体認識、日本列島不沈空母発言）、2月臨時行政調査会最終答申提出、東北大医学部我が国初の体外受精成功、3月　渋谷天外没（上方喜劇　76歳）、4月　北海道、福岡県に革新知事誕生、サラ金2法成立、東京デズニーランドオープン、5月　国鉄再建監理委員会設置法成立、ウイリアムバーグ・サミット、日本海中部地震（秋田県沖、死者、行方不明102人）、献体法成立、6月　参院選（比例代表制採用、自民党多数確保）、8月　社会党委員長石橋政嗣（1924～2019年）選任、9月　三宅島大噴火、大韓航空機撃墜事件、10月　田中元総理　ロッキード事件で実刑判決、11月　レーガン米大統領来日、胡耀邦（1915～89年）中国共産党総書記来日、衆院解散、12月　衆院選（保革伯仲、田中角栄当選）。
・59年　1月　中曽根総理靖国年頭参拝（総理として初）、東証ダウ1万円突破、2月日本海側大雪（死者　121人）3月　江崎グリコ社長誘拐事件、4月　日米農産物交渉決着、5月　国籍法・戸籍法改正成立（父母いずれかが日本人であれば日本国籍を認める）、6月　関西新空港会社法成立、総務庁発足、湖沼法成立、厚生省「日本が世界一長寿国」発表、9月　全斗換（1931～2021年）韓国大統領来日、10月　豪コアラ初

来日、山下泰裕（1957年〜）国民栄誉賞、11月　新紙幣発行（1万円札福沢諭吉、5千円札新渡戸稲造、千円札夏目漱石）、12月　高円宮家創立。

・60年　1月　両国国技館復興、環境庁名水百選発表、2月　田中元総理脳卒中、3月　青函トンネル貫通式、東北新幹線上野〜大宮間開通、筑波国際科学技術博覧会、笠置シヅ子没（歌手　70歳）、4月　ボン・サミット、電電公社・専売公社民営化、塚本三郎（1927〜2020年）民社党委員長選任、5月　男女雇用機会均等法成立、6月　大鳴門橋開通、政治倫理審査会設置法・労働者人材派遣事業法成立、8月15　日中曽根総理靖国公式参拝・中国で抗日集会、日航ジャンボ機御巣鷹山に墜落（520人死亡）、11月　ガンディ印首相来日。

・61年　4月　天皇在位60年記念式典、5月　東京サミット、60歳定年法成立、英国皇太子夫妻（ダイアナ妃）来日、体協スポーツ憲章制定（アマ選手の賞金自由化、プロ選手に登録の途開くなど）、6月　衆院解散、7月　衆参同時選挙（自民党圧勝304議席）、日米半導体交渉決着、8月　新自由クラブ解党し自民党復帰、9月　土井たか子社会党委員長選任、11月　伊豆大島三原山噴火、アキノ（1933〜2009年）比大統領来日、日米繊維交渉大綱決着、三井物産若王子支店長誘拐事件、国鉄改革関連8法成立、12月　矢野絢也（1932年〜）公明党委員長選任。

・62年　2月　高松宮没（82歳）、鶴田浩二没（俳優　62歳）、3月　米、対日経済制裁措置発表、日本気象協会スギ花粉情報開始、4月　国鉄分割・JRグループ発足、統一地方選売上税問題で自民大敗、5月　朝日新聞西宮支局に散弾銃・記者死亡、6月　衣笠祥男国民栄誉賞、7月　日米戦略防衛構想協定調印、自民党田中派解体・竹下派創世会発足、石原裕次郎病没（俳優　52歳）、釧路湿原国立公園指定、9月　天皇開腹手術で入院、10月　利根川進教授ノーベル医学・生理学賞、11月　竹下登内閣発足、連合（全日本民間労働組合連合会）発足。

・63年　3月　青函トンネル鉄道開業、青函連絡船終了、東京ドーム開業、4月　ガンディ印首相来日、銀行のマル優制度大幅廃止、瀬戸大橋開通、5月　オゾン層保護法成立、6月　トロント・サミット、日米牛肉・オレンジ交渉決着、7月　リクルート社江副会長辞任（非公開株譲渡問題で）、東京湾浦賀水道で遊覧船第1富士丸と海自潜水艦「なだしお」衝突（30人死亡）、9月　天皇吐血・入院、国事行為を皇太子に全面委任、11月「ふるさと創生」で全市町村に一律1億円配布、12月　消費税導入税制改革法成立。

・64年　1月　昭和天皇病没（87歳）、平成天皇即位、平成へ改元。

1月（平成1年）官公庁土曜閉庁スタート、環境庁エコマーク制定、2月　大喪礼、弔問外交（40か国）、4月1日　消費税3％実施、李鵬（1928～2019年）中国首相来日、国連軍縮会議（京都）、6月　リクルート事件で竹下内閣総辞職、宇野宗祐内閣発足、美空ひばり病没（歌手　52歳）国民栄誉賞、7月　アルシュ・サミット、名古屋市で世界デザイン博覧会、参議院選挙（自民党敗北、社会党躍進）、消費税廃止・見直し論活発化、8月　海部俊樹自民党総裁選出、9月　千代の富士（1955～2016年）国民栄誉賞（3年5月引退、1045勝）、10月　田中角栄引退、11月　初の生体肝移植手術、新連合発足（日本労働組合総連合　山岸章会長）、総評解散、12月　土地基本法公布。

・2年1月　株価暴落始まる、大学入試センター試験開始、衆院解散、2月　衆院選挙（自民党284、社会党136）、3月　銀行土地融資総量規制、4月　大阪花と緑の博覧会、太陽神戸三井銀行（さくら銀行）発足、5月　盧武鉉（1946～2009年）韓国大統領来日、天皇「不幸な過去」に言及、6月　日米構造問題協議最終決着、秋篠宮家創設、礼宮文仁親王（1965年～）川嶋紀子（1966年～）結婚、7月　ヒューストン・サミット、8月　湾岸戦争、9月　自社代表団朝鮮民主主義人民共和国訪問金日成主席と会見、11月　天皇即位の礼、大嘗祭、議会開設百年記念式典。

・3年1月　井上靖没（作家　81歳）2月　皇太子徳仁親王立太子の礼、3月　湾岸戦争90億ドル拠出、都新庁舎落成、4月　ゴルバチョフ（1931～2022年）ソ連大統領来日、ペルシャ湾に掃海艇派遣（4～10月）、升田幸三没（将棋　73歳）、5月　信楽高原

昭和51〜63年の成長率の推移

年	51	52	53	54	55	56	57	58	59	60	61	62	63
実質	3.8	4.5	5.4	5.1	2.6	2.8	3.2	2.4	4	4.2	3.2	5.1	6.3
名目	12.4	11	9.7	8	9	6.2	4.9	4.5	6.9	6.6	4.5	5	7.1

鉄道正面衝突（死者92人）、地球環境資金発足、6月　野村など大手証券会社の損失補填問題化、長崎普賢岳噴火（死者37人、行方不明者4人）、7月　田辺誠（1922〜2015年）社会党委員長選任、9月　天皇皇后陛下東南アジア3か国訪問、10月　宮沢喜一自民党総裁選出、リサイクル法施行。

・4年　1月　宮沢総理、韓国訪問、従軍慰安婦問題で公式に謝罪、ブッシュ米大統領来日、2月　東京佐川急便融資事件、3月　暴力団対策法施行、4月　育児休業法成立、5月　細川護熙、日本新党結成、6月　PKO法成立、暴対法に基づく指定暴力団指定（兵庫県公安委員会が山口組、東京都公安委員会が稲川会、住吉会）、リオ地球サミット（リオ宣言、アジェンダ21合意。気候変動枠組条約、生物多様性条約署名開始。）、中村八大没（作曲家　61歳）、世界遺産条約加盟、絶滅の怖れのある野生動植物の種の保存に関するる法律公布、7月　ミュンヘン・サミット、参院選（自民党改選過半数獲得）、証券取引等監視委員会発足、山形新幹線開通、大山康晴没（将棋　69歳）、8月金丸事件（佐川急便5億円献金、10月　議員辞職）、9月　学校5日制始まる、自衛隊カンボディア出動（ＰＫＯ）、米シャトル宇宙実験毛利衛同乗、10月　天皇皇后陛下中国訪問、自民党竹下派分裂、。

・5年　1月　山花貞夫（１９３６～99年）社会党委員長選任、曙外国人初の横綱昇進、3月　天皇皇后陛下沖縄訪問、4月　金融制度改革法施行、6月　皇太子ご成婚、衆院解散、新党さきがけ（武村正義）・新生党（羽田孜）結党、7月　東京サミット、北海道南西沖地震（奥尻島　死者１８１、行方不明者64人）、衆院選挙、自民党河野総裁選出、8月　藤山一郎没（歌手　82歳）。

第３章　平成から令和の日本―国勢低迷

1　平成から令和の時代

経済成長、経済発展、所得の上昇、平和持続を疑わなかった戦後昭和の時代は、平成初期を過ぎると国勢低迷の時代に移る。

バブル経済（平成元年12月29日　株価38915円、2年10月　2万円割れ）がはじけたことによる後遺症、デフレ、世界情勢の変化などで「失われた20年」と言われる国勢低迷の時代となった。昨今、企業収益の改善など経済に明るさが戻りつつあるが、解決を迫られる内外の課題は多い。この時代を象徴する代表的な事象を挙げる。
①　長年続いた自民党の政権独占が崩れ、2度の政権交代が生じた（自民党に代わり政権を担い得る政党（自民党分裂が因）が存在したことによる）。いずれも政権奪取側の崩壊で短期間に自民党が政権を取り戻すことになった。ここしばらく、自公連立政権が続いている。自公連立は自民党の政権維持、選挙の際の創価学会票獲得のため始まったが、様々な軋轢も生じている。
今のところ、自民党が分裂でもしない限り、自民党以外に政権を担える準備のある政党は存在しない。
②　平成7年1月　阪神淡路大震災、23年3月　東日本大震災、令和2年1月～5年5月　コロナパンデミックと超大災害が起こった。
今後も気候変動の影響などによる大災害、南海トラフ・首都直下型などの大地震、大噴火、新たなパンデミック生起などの懸念が喧伝される。

③　バブル崩壊による不良債権処理（１００兆円余とされる）に10年以上の歳月を要し、平成20年9月のリーマンショックや令和のコロナパンデミックによる世界不況で日本経済は低迷、デフレと呼ばれる経済状況が永く続いた。昨今、企業は増収増益、経済は明るさが見える状況にあるが、デフレ脱却、景気持続が今後の重要課題となっている。

④　平成中期以降、景気回復のため財政出動（公共事業、減税）、低金利政策をとったが、民間投資・消費・経済成長は回復せず、財政赤字は拡大、先進国最大の財政赤字累積（太平洋戦争末期を上回る水準）国となった。財政再建、受益と負担は相伴うものであることの政府、国民の再認識が求められている。

⑤　出生率減少で日本の総人口は平成20年（２００８年）１億２８０８万人をピークに減少に転じた。他方、高齢化（平成25年　男子平均寿命80歳超）は他国に先駆けて進んでいる。少子化、高齢化により人口構成は大きく変化、そのトレンドが続く。人口減少は経済にマイナス要素となる。少子高齢化は、社会保障の在り方、働き手の減少など国民生活に大きな影響を与える。長期ビジョンの下に取り組まねばならない問題である。

⑥　１９８９年（平成元年）11月9日　ベルリンの壁崩壊、91年12月　ソビエト連邦崩壊、米ソ冷戦終結、米国一強時代となるが、中国が強大な経済力、軍事力を持つ大国に成長、

平成末以降（習近平時代）、米中対立の世界となっている。我が国は、中国と地理的に近接、関係は歴史的にも深いが、尖閣、台湾問題、米中対立の貿易問題、中国の福島原発処理水海洋放出を巡る水産物輸入禁止問題など対立摩擦が生じている。わが国は米国とは同盟関係、自由民主主義の西側陣営に属しており、とりわけアジアでのプレゼンスは大きい。それだけに米国と対立する中国、そして、ロシアと難しい関係にある。直近では、２０２２年2月　ロシアがウクライナに侵攻（中国はロシア支持）、２０２３年10月　ガザのハマスとイスラエル戦（米国はイスラエル支持）などで世界情勢は緊張下にある。日本外交、防衛、対外経済関係の舵取りが一段と重要となっている。

⑦　デジタル化が20世紀末以降、急速に進展、世界は情報化社会となっている。ＩＴ、ＡＩ技術の急速な展開、遺伝子解明、バイオ技術などテクノロジーの急速な進展で人間社会のあり方が変りつつある。わが国もこうした情勢の進展にどう対応するか、社会、経済、国民生活の発展にどのようにつなげていくかが問われている（第2部参照）。

２　平成中期の時代―細川政権から麻生政権まで

イ　細川護熙（１９３８年～）連立政権（５年８月９日～６年４月28日）

①　細川連立政権発足

・宮沢総理解散、衆院選挙の結果は、自民２２３、非自民１９５（社会70・新生55・公明51・民社15）、日本新党35、さきがけ13議席で、日本新党、「さきがけ」が政権編成のキャスチングボードを持った。

日本新党は、平成４年５月に細川が結党、細川は反自民、反官僚、反中央集権論を唱えた。

小沢一郎（新生党）が、日本新党の細川を総理、社会党の土井たか子を衆院議長にすることで非自民勢力との連立政権を日本新党、「さきがけ」に働きかけ、両党は小選挙区比例代表制の政治改革実現を条件に連立了承。

日本新党、新生党、さきがけ、日本社会党、公明党、民社党、社会民主連合、参院の民主改革連合の８党会派が連立合意。８月９日　細川護熙を総理に選出、細川政権発足、自民党は野党となった。

・細川総理は所信表明で「政治改革を最優先課題とする」と表明。

内閣は、官房長官武村正義（さきがけ）、閣僚に、山花貞夫（社会）、羽田孜（新生）、大内圭吾（１９３０～２０１６年　民社）、石田幸四郎（１９３０～２００６年　公明）、江田五月（１９４１～２０２１年　社民連合）の党首就任。

与党は、小沢一郎（新生）を中心に、久保亘（１９２９～２００３年　社会）、市川雄一（１９３５～２０１７年　公明）、米沢隆（１９４０～２０１６年　民社）、園田博之（１９４２～２０１８年　さきがけ）で各党幹事長書記長の代表者会議を組成。

②　政治改革法成立

ⅰ　背景と内容

リクルート事件・佐川急便事件（政治と金の問題に関わる事件）は、政治改革の必要の議論を自民党内（若手議員を中心に）に生起。「衆議員中選挙区選挙は金がかかる、派閥を背景に選挙にかかる資金膨張、政治の腐敗を招く」として衆院選挙を小選挙区制にすべしとするものであった。

公職選挙法の一部改正（衆院選挙を小選挙区比例代表制とする）、衆議院議員選挙区画定審議会設置法、政治資金の一部改正（企業・団体からの寄付の対象を政党と新たに規定した資金管理団体に限定、違反に対する罰則強化（有罪確定後における公民権停止規定（選挙権、被選挙権の停止）新設など）、政党助成金法（国民１人当たり２５０円で積算した額の国費（総額概ね300億円）を国会議員5人以上か、得票率2％以上（原案3％を修正）の政党に助成（所属議員数、直近の国政選挙での得票率で配分））の与野党合意を経て政治改革4法に結実した。

ⅱ　国会審議、与野党合意（細川、河野会談）

5年9月　小選挙区比例代表制、政党交付金4法案を与野党、各々国会提出。

11月15日　細川総理、河野洋平（自民総裁）会談、決裂、18日　与党提出4法案衆院可決、6年1月21日　参院否決。

1月28日　細川、河野会談、定数を小選挙区300、比例代表200（全国11ブロックの選挙区）とする、政治家個人への企業献金は5年に限り年50万円まで認めるなどで合意。合意内容に修正された政治改革法成立。

ⅲ　今日の評価

小選挙区制になってもこれまで以上に選挙に金がかかる、自民党内では選挙の候補者の公認・資金配分に総裁・幹事長などの裁量が強すぎる、使途を問われない政策活動費の弊害、今の小選挙区のあり方は世襲議員を生む温床で政治のバイタリティーを奪うなどが指摘されている。

令和5年末、自民党のパーティー券の売上げの議員個人へのキックバックを巡り、また、政治資金のあり方が問題となっている（後述）。

③　国民福祉税騒動

6年2月3日　細川総理は、消費税廃止、税率7％の国民福祉税創設、所得税など6兆円減税、財政再建表明。社会党反対、4日　撤回。

6兆円減税のみ先行実施、財源手当ては後回しとなった。

④　総理訪米

自動車・自動車部品、政府調達（医療機器、電気通信）、保険の3分野で日米協議が行われ、日本の輸入目標を数字で示すことを米国から要求されていた。

6年2月　細川総理訪米、総理はクリントン（1946年～）米国大統領に「管理貿易につながることは反対」と表明、会談は物別れに終わった。

⑤　細川退陣

細川総理が佐川急便から借りた1億円の使途を国会で追及され、4月8日　総理辞任表明。「さきがけ」は閣外協力に転じる。

ロ　羽田孜（1935～2017年）政権（平成6年4月25日～6月25日）

4月25日　羽田孜政権発足。4月26日　社会党、連立離脱。

6月25日　自民党が内閣不信任案提出方針表明、羽田総理辞任。

八　村山富市（1924年〜）政権（6年6月30日〜8年1月11日）

①　政権成立

首班指名に自民党は村山富市（社会党）を（自民党の野中広務、亀井静香画策）、小沢一郎は海部俊樹（自民党離党）擁立。自民、社会党内ともに意見統一できず分裂、衆院の首班指名選挙では過半数獲得者なく、決選投票で村山富市首班選出。

6月30日　日本社会党、自由民主党、「さきがけ」の村山連立内閣成立。自民党は与党復帰、河野洋平自民党総裁は副総理外相、武村正義「さきがけ」代表は蔵相、野中、亀井入閣。

村山総理は、安保体制堅持、自衛隊合憲、国歌（君が代）・国旗尊重明言。

11月　前内閣の６兆円減税の財源として平成９年４月１日から消費税率５％への引上げ法案国会提出。

②　新進党結党

６年12月10日　日本新党、新生党、民社党は解党。新進党発足（衆院１７６、参院38議席、党首　海部俊樹、幹事長　小沢一郎）、非自民として自民党対抗勢力を目指した。7

年7月　参院選挙は40議席。その後、小沢、羽田対立、代表選では小沢勝利、羽田グループ発足。

③　阪神・淡路大震災、オウム・サリン事件

・7年1月17日　阪神・淡路大震災。震度7、死者6434人、負傷者約4万4千人、住宅・建物全壊約10万戸（この時の反省で官邸に危機管理センター設置）。

・3月20日　オウム真理教による地下鉄サリン事件。営団地下鉄3路線の5車両にサリンガス、13人死亡、重軽傷者約6千人。

5月16日　山梨県の教団施設強制捜査、麻原彰晃等幹部逮捕。

④　村山談話、水俣問題

・7年8月15日「戦後50周年の終戦記念日にあたって」村山談話閣議決定

「わが国は、遠くない過去の一時期、国策を誤り、戦争の道を歩んで国民を存亡の危機に陥れ、植民地支配と侵略によって、多くの国々、とりわけアジア諸国の人々に対して多大の損害と苦痛を与えました。私は未来に過ちなからしめんとするが故に、疑うべくもないこの歴史の事実を謙虚に受け止め、ここに改めて痛切な反省の意を表明いたします。」

・9月末　水俣病患者保障問題基本解決　患者に一時金（260万円）、患者団体に加算金支給（チッソ（株）負担、公的融資）、公費負担の関連措置実施。

⑤　村山退陣

8年1月5日　村山総理退陣表明。社会党は小選挙区制移行で党が消滅しかねない危機状況にあり、党存続のための新党結成が重要事であった。新党を巡り党内左右対立、党立て直しのため村山総理退陣。

1月19日　社会党大会、党名を社会民主党に。内部分裂、村山は社会民主主義重視（左派）、久保亘等は保守系議員を含めた勢力結集を目指す（右派）。民主党結成（鳩山由紀夫）で社会党右派議員を中心に民主党に流れ、左派が残ったが、平成24年の衆院選で2議席、25年の参院選では1議席となり、ほぼ消滅。

二　橋本龍太郎（1937～2006年）政権（8年1月11日～10年7月30日）

①　政治情勢

・橋本内閣は、社会党、「さきがけ」と連立で発足。

8年10月20日　初の小選挙区比例代表衆院選挙。自民党239、新進党156、民主党52、共産党26、社会党15、さきがけ2議席。社会党、「さきがけ」は急減、閣外協力へ。

・新進党は、12月　羽田派12人離党、9年6月　細川前総理離党、離党者は30人に及ぶ

（9人は自民党へ）。
・9年５月　小沢が自民との保保連合画策、橋本総理拒否。
12月　新進党代表選、小沢は鹿野道彦に勝利したが、新進党解党。
・8年９月28日　民主党結党大会、鳩山由紀夫、菅直人（１９４６年〜）が共同代表。社民、「さきがけ」から多数参加。10月衆院選では52議席。12月　新進党解党で議員受け入れ、衆院93、参院38議席に拡大。
・衆院選後、自民党では加藤紘一（１９３９〜２０１６年）幹事長が復党入党工作、9年9月には12人増加、自民党は単独過半数に達する。
10年５月　自社さ連立解消。

②　財政再建（財革法）と再建棚上げ

・9年４月１日　消費税率５％実施、９月　医療費自己負担引上げ。
11月　財政構造改革法成立（財革法　平成15年（２００３年）に赤字財政脱却（赤字国債発行０）、各歳出項目に上限設定）。
12月　財革法に沿って10年度財政再建予算編成。
・7月　タイはじめアジア通貨危機、不況到来、11月　北海道拓殖銀行、山一証券、三洋証券、ヤオハンなど倒産。

10年に入り、財政再建棚上げ、４月　16・６兆円の総合経済対策決定。

③　行政改革

10年６月　中央省庁等改革基本法成立（13年１月実施　１府22省を１府12省に再編（国土交通省、総務省など誕生）、首相官邸に３人の官房副長官補新設・内閣府の下に財政諮問会議設置・首相の閣議における発言権付与（官邸の力の強化））。

④　沖縄基地問題

９年11月　政府は、沖縄普天間飛行場移設、名護市キャンプ・シュワブ沖に代替海上基地設置を沖縄県に提示、大田沖縄県知事は保留、比嘉名護市長は受け入れ表明、10年２月大田知事、海上基地建設反対表明。

⑤　金融ビッグバンへ

８年　金融ビッグバン構想打出し、10年６月　金融システム改革法成立（12月実施）。金融の従来の護送船団方式を改め、金融市場をフリー（自由な市場）、フェアー（透明、公正な市場）、グローバル（国際化）なものとする構想で、橋本内閣に始まり、小渕、小泉内閣に引き継がれ、銀行、保険、証券業の相互乗り入れなど規制緩和が行われ、金融業界の再編、大合併が生じた。

６月　金融監督庁発足（13年　金融庁へ）。

⑥　橋本退陣

10年7月12日参院選、自民党惨敗（61から41議席に）、橋本総理退陣表明。7月24日　自民党総裁選、小渕恵三が梶山清六（1926〜2000年）、小泉純一郎を破り総裁に（世間の人気とは逆の順序であった）。

ホ　小渕恵三政権（10年7月30日〜12年4月5日）

・経済再生を唱え、財革法凍結、大規模恒久減税、大規模財政出動など実施。経済は思うようには回復せず、国債残高は累増。

・10年10月　金融再生関連4法成立―日本長期信用銀行、日本債券信用銀行を公的資金で一時国有化。

・10月　金大中（1924〜2009年）韓国大統領来日、「21世紀に向けた新たな日韓パートナーシップ」共同宣言。小渕総理は「日本の植民地支配に反省とお詫び」表明、大統領はこれを評価、「過去の歴史認識に区切りをつける」とした。

11月　江沢民（1926〜2022年）中国国家主席来日、主席の反日的発言で訪日は険悪な雰囲気に終わった。

・11年1月　自由党（小沢一郎）、10月　公明党と連立合意（野中広務（1925〜20

１８年）官房長官工作）。12年1月　自自公連立政権成立。
5月　周辺事態安全確保法成立（戦闘活動を行う米軍に物資補給、兵員などの輸送、米兵の捜索などの後方支援活動が可能となる）。
8月　国旗・国歌法成立。
・12年4月2日　小渕総理緊急入院。容態が悪いことから、森喜朗（１９３７年〜）幹事長、青木幹夫（１９３４〜２０２３年）官房長官、野中広務幹事長代理、亀井静香（１９３６年〜）政調会長、村上正邦（１９３２〜２０２０年）参院自民党議員会長が協議、森喜朗幹事長を後継総理とすることで合意。
4月3日　青木官房長官が首相代理に、4日　内閣総辞職、5日　自民党両院議員総会で森喜朗を総裁に選出、14日　小渕前総理病没。

へ　森喜朗政権（12年4月5日〜13年4月26日）

12年6月25日　衆院選挙、自民党２３３（△38）議席。連立自自公２７１議席。
8月　九州沖縄サミット。
11月　加藤の乱　森総理の就任の経緯につき批判があり、森総理は失言も多く、加藤紘一元幹事長、山崎拓（１９３６年〜）などが臨時国会で野党の内閣不信任案賛成に動く。

野中幹事長などが阻止、造反失敗、加藤失脚。

13年2月　ハワイのオアフ島沖で愛媛県立宇和島水産高校練習船「えひめ丸」が米原潜に衝突、沈没、教員・生徒9人没。森総理はゴルフ中で午後2時過ぎに官邸に戻ったが、総理の行動をマスコミが批判、国会議員・地方議員が退陣要求。3月　森総理、退陣表明。

4月　自民党総裁選、小泉、橋本、麻生、亀井立候補。党員・党友投票で小泉純一郎圧勝、自民党総裁に選出。

ト　小泉純一郎（1942年～）政権（13年4月26日～18年9月26日）

小泉総理は、入閣候補につき派閥の推薦を受け付けず、派閥均衡人事無視、竹中平蔵（1951年～）など非議員3人、田中真紀子（1944年～）など女性5人を閣僚に、官房長官福田康夫（1936年～）、蔵相塩川正十郎（1921～2015年）起用。

「構造改革なくして景気回復なし」標榜。ワンフレーズ・ポリティクス展開。世論の支持をバックとした（内閣支持率は最後まで50％台）。

①　予算、不良債権処理

・総理が議長の経済財政諮問会議活用（委員は牛尾次郎ウシオ電機会長、奥田トヨタ自動車会長、本間正明阪大教授、吉川洋東大教授など）、担当相に竹中平蔵起用。諮問会議は、

13年６月　骨太の方針（経済財政運営と構造改革に関する基本方針）をまとめ、６月26日閣議決定（今後２～３年間を日本経済の集中調整期間とし、民需主導の経済再生、不良債権処理、国債発行30兆円以下を目指す）。予算編成の主導権を総理官邸が握る意向であった。

・14年度予算では、国債発行30兆円以下に抑制したが、15年度予算は30兆円を上回り、増税なき財政再建を唱えたが、国債残高は累増する結果となった。

・バブル後遺症の金融機関の不良債権処理については公的資金投入も避けずとし、14年10月　金融再生プログラム（16年度中に主要銀行の不良債権比率を半分にする）をまとめ、16年度末には不良債権比率２・９％実現（13年度末８・４％）。

②　郵政民営化など行政改革

ⅰ　郵政民営化

橋本行革で郵政３事業は公社化、15年　日本郵政公社発足。

小泉総理は総裁選で郵政民営化主張。政権発足、民営化法案は自民党内で紛糾したが国会提案、17年７月５日　衆院可決（自民党内造反あり）、８月８日　参院否決。郵政民営化の是非を問うとして、小泉総理は衆院解散。民営化に反対した造反議員に自民党公認を与えず、対立候補擁立、自民党２９６議席獲得、圧勝（造反議員は15人当選）。民営化法案再提出、10月14日　成立。

19年10月　郵政事業民営化（ゆうちょ銀行、かんぽ生命保険、郵便事業などに分割。株式売却実現（民主党政権で全株式売却義務撤廃、国の関与は残る））。

ⅱ　その他の行政改革

・13年4月　総合規制改革会議発足。労働者派遣法の規制緩和、構造改革特区設置（地方自治体が特例措置として規制緩和）など実現。

・16年6月　道路公団民営化法成立。東日本、中日本、西日本、首都高速など6社発足。公団の資産と累積債務は債務返済機構が引き継ぎ、高速道路のリース料で返済。

・三位一体改革実施（国から地方へ財源移譲（所得税から個人住民税への財源移譲）、国庫補助金改革による地方分権、地方交付税抑制（財政再建を図る意図））。

③　北朝鮮訪問、拉致者帰還実現

・小泉総理は、在任中、毎年一度、日を変えて靖国神社参拝。対中、韓関係悪化。

・14年9月17日　北朝鮮平壌訪問、金正日（1941～2011年）総書記と会談。総理は拉致抗議、金は拉致を認め謝罪、北朝鮮政府は8人死亡、5人生存と回答。総理は植民地支配につき「痛切な反省と心からのお詫びの気持ちを表明する」と述べた。

両首脳、平壌宣言署名（北朝鮮は日本に対する請求権放棄、日本は国交正常化後、経済協力の形で資金提供、核開発については北朝鮮は国際合意を守る、ミサイル発射についてモラトリアムを続けるなど)。

10月　５人の拉致被害者帰国。

15年5月　総理、北朝鮮再訪問、５人の家族、子供の帰国合意。

総書記は安否不明者10人の再調査約束。

その後、厳しい国内世論から拉致問題の全面解決を求める日本の姿勢に北朝鮮は反発、「拉致問題は解決済み」と反応、対話なしの状態に戻った。

・15～17年　北朝鮮の核問題につき北朝鮮と米中日露韓の6者協議開始、進展なく休止。北朝鮮は核実験、ミサイル発射を繰り返し、国連安保理の制裁決議を受けている。

④　9．11、アフガン戦争、イラク戦争対応

i　9・11、アフガン戦争

・13年（２００１年）9月11日　テロリストが乗っ取った飛行機４機が米国ニューヨーク超高層ビル、ワシントン国防省へ衝突入、多数が犠牲となった。米国（1月　ブッシュ（１９４６年～）大統領就任）は、主犯はアルカイーダ、ビン・ラディンとし、彼を匿い、引渡しを拒否したアフガニスタンに対し、10月7日　米国中心の有志連合軍が開戦、首都カブール制圧したが、長期戦となった（後にビン・ラディン殺害、２０２１年　タリバン

政権回復、米軍撤収、終結）。

・13年10月　テロ対策措置法成立（２０１０年まで延長された）、11月　海上自衛隊護衛艦３隻、インド洋派遣、米軍支援（テロ組織の海上輸送阻止掃討、燃料補給）。

ii　イラク戦争

・15年（２００３年）３月19日　ブッシュ米国大統領が、イラクのフセイン（１９３７～２００６年）政権は大量破壊兵器保有として政権打倒を企図。米英主体の有志連合軍がイラク侵攻。５月１日　戦争終結、12月　フセイン捕縛、２００６年12月　フセイン処刑。大量破壊兵器は発見されなかった。

・15年７月　イラク復興支援特別措置法成立、12月　自衛隊派遣基本計画閣議決定、イラク復興支援（18年７月までサマワを拠点に復興工事、地元住民に感謝された）。

チ　安倍晋三（1954～2022年）政権（18年9月26日～19年9月26日）

小泉総理は任期満了で退任。総裁選で安倍晋三圧勝、安倍内閣成立。官房長官塩崎恭久（１９５０年～）などで「お友達内閣」と評された。

保守、戦後レジームからの脱却を唱え、官邸主導に拘った。

・18年10月８日から中国（胡錦涛（１９４２年～）国家主席）、韓国（盧武鉉（１９４６

〜2009年）大統領）訪問。中国とは戦略的互恵関係、韓国とも関係改善。
12月　教育基本法改正—「伝統、文化尊重、わが国と郷土を愛する」などの条文追加。
・19年1月　防衛庁を防衛省に。
2月　公的年金保険料納付記録不明問題化。
閣僚不祥事、不適切発言など多発、内閣支持率3割前後に落ち込む。
7月29日　参院選、自民惨敗37議席（民主60議席）、参院　野党過半数。
8月　内閣改造、インド訪問、9月10日　国会で所信表明演説、12日　総理退陣表明、翌日　入院。退陣の理由は健康問題であった。

リ　福田康夫（1936年〜）政権（19年9月26日〜20年9月24日）

総裁選で麻生太郎（1940年〜）に圧勝、総裁就任。
官僚重視、ボトムアップで政策決定志向。
・19年11月　民主党小沢一郎代表と会談、両党の大連立合意。民主党内の反対で実現しなかった。
・参院は野党多数の「ねじれ国会」で、日切れ法案（租税特別措置法など）、国会同意人事（日銀総裁など）難航。

20年5月　中国胡錦涛国家主席来日（東シナ海ガス田共同開発合意）。
7月　北海道洞爺湖サミット。
8月　内閣改造。
9月1日　総理退任声明、「新総理の下で早期解散すべし」とした。
・日本の人口1億2808万人、最多の年、以降、人口減少に転じた。

ヌ　麻生太郎政権（20年9月24日〜21年9月16日）

総裁選で勝利、総裁就任。麻生総理は早期解散の考え（10月末解散、11月投票）であったが。9月15日　米国リーマン・ブラザース社破綻、2週間後、ニューヨーク株式市場ダウ平均株価が過去最大下落、金融危機が世界に拡大。自民党内から解散先送り論、総理早期解散断念。26兆円の景気対策、補正予算国会提出。21年1〜3月期GDPは実質△4・0%。内閣支持率は20%台に下落。
21年8月30日　衆院選、自民惨敗（119議席）。麻生総理退任。

ル　主な出来事

・5年　7月　衆院選挙（自民党大敗、政権喪失）、8月　宮沢内閣総辞職、細川内閣成

立、土井たか子衆院議長に、円高100円40銭、鹿児島集中豪雨（死者45人、行方不明4人）、9月　村山富市社会党委員長選任、職業を持つ女性が人口の5割超える、10月　エリツィン（1931～2007年）露大統領来日、凶作で米緊急輸入、11月　細川訪韓、金泳三（1929～2015年）韓国大統領と会談（創氏創名、従軍慰安婦・徴用につき謝罪）、環境基本法公布、12月　ウルグァイ・ラウンドで米の関税化受入れ（6年間猶予、その間、国内消費の4～8％を最低輸量として受け入れ）、田中角栄没（75歳）。

・6年　1月　政治改革法成立、2月　天皇皇后両陛下硫黄島訪問、米の対日貿易赤字593億ドル、細川総理訪米、4月　細川総理辞任、羽田内閣成立、高速増殖原始炉「もんじゅ」始動、6月　羽田総理辞任、村山内閣成立、米沢隆民社党委員長就任、製造者責任法成立（7年7月施行）、長野県松本市住宅街でサリン散布（住民7人死亡、52人入院）、7月　ナポリ・サミット、向井千秋米シャトル搭乗、円1ドル96円台、9月　関西新空港開港、10月　第12回アジア競技大会広島開催、大江健三郎（1935～2023年）ノーベル文学賞、11月　新生党解党、貴乃花横綱昇進、12月　民社党解党、新進党結成（党首海部俊樹）、被爆者援護法成立、改正公職選挙法（小選挙区など）施行、京都の文化財世界遺産登録。

・7年　1月　阪神淡路大震災、成田空港反対同盟闘争終結宣言、3月　オウム・サリン事件（5月　麻原彰晃など教団幹部逮捕、10月　東京地裁　オウム真理教に解散命令）、KEDO（朝鮮半島エネルギー開発機構）発足、無人深海探査機「かいこう」マリアナ海溝海底到着、4月　青島幸雄（1932～2006年　作家、タレント）東京都知事・横山ノック（1932～2007年　漫才師）大阪府知事当選、円相場が1ドル79円、6月　ハリファクス・サミット、戦後50年国会決議、育児・介護休業法成立、日米自動車交渉合意、7月　天皇皇后陛下長崎市・広島市・沖縄県（8月）へ戦後50年慰霊の旅、参院選（新進党躍進）、8月　村山談話、北大附属病院で日本初の遺伝子治療始まる、9月日教組文部省と歴史的和解、橋本龍太郎自民党総裁就任、沖縄米兵少女暴行事件、住専8社の不良債権8兆円超、10月　政府、生物多様性国家戦略決定、11月　米の流通販売自由化を柱とする新食糧法施行、12月　水俣病未認定患者救済問題の最終解決策政府決定（翌年5月　水俣病訴訟和解、被害者側訴訟取下げ）、「もんじゅ」ナトリュウム漏れ事故、白川郷・五箇山の合掌造り集落が世界文化遺産登録。

・8年　1月　村山総理退陣表明、橋本内閣成立、社会党が社会民主党に党名変更、2月　排他的経済水域（2百海里）設定閣議了解、北海道豊浜トンネル崩落事故（20人死亡）、羽生善治（1970年～）将棋史上初の7冠、3月　らい予防法廃止、東京・大阪HIV訴訟和解、4月　クリントン米大統領来日、6月　住専処理法成立、橋本総理が金泳三韓

国大統領と済州島会談共同記者会見で従軍慰安婦問題謝罪、創氏改名に遺憾の意表明、７月　病原性大腸菌Ｏ１５７患者６千人超、８月　日米半導体交渉合意、小中不登校８万人超、９月　民主党結成、10月　衆院選（小選挙区比例代表制選挙　自民２３９、新進１５６、民主52、共産26、社民15、さきがけ２）、12月　太陽党結成（羽田孜など13人）、円安進行１１６円、ペルー日本大使公邸人質事件（翌年４月　特殊部隊突入人質救出）、広島原爆ドーム・厳島神社世界遺産登録。

・９年　３月　秋田新幹線開通、４月　消費税率５％、容器包装リサイクル法施行、５月　アイヌ文化振興法成立、神戸市須磨区で小学生頭部切断事件（６月　男子中学生逮捕）、６月　環境影響評価法、臓器移植法成立、８月　渥美清没（俳優　68歳）、９月　ヤオハン・ジャパン倒産、10月　長野新幹線開業（東京～長野）、新国立劇場開く、11月　財革法成立、政府が沖縄に普天間飛行場移設案提示、北海道拓殖銀行破綻、山一證券廃業、12月　新進党解党（翌１月　自由党、新党平和、新党友愛、国民の声、黎明クラブ、改革クラブ６党誕生）、公的介護保険法公布（12年４月施行）、地球温暖化京都会議（温暖化ガス削減目標決定　日本は２０００～12年に１９９０年比６％削減）、東京湾アクアライン開通、三船敏郎没（俳優　77歳）。

・10年　２月　長野オリンピック冬季大会、金融安定化２法成立（預金保険機構機能強

化）、3月　ＮＰＯ法成立、4月　総合経済対策、財政再建棚上げ、東京で緊急通貨会議（日米欧アジア17国参加）、明石海峡大橋開通、民主党の4党合流大会菅直人党首選任、５月　自社さ連立解消、天皇皇后陛下訪英、6月　金融システム改革法、中央省庁等改革基本法成立（13年1月実施）、金融監督庁発足、吉田正没（作曲家　77歳）国民栄誉賞、７月　参院選（自民党45議席、敗北）、橋本総理退陣表明、小渕内閣発足、和歌山カレー毒物混入事件、8月　台風4号局地的豪雨（福島栃木中心に死者16人、行方不明5人）、北朝鮮弾道ミサイル日本上空を超えて三陸沖着弾、9月　黒沢明没（映画監督　88歳）国民栄誉賞、10月　金融再生関連4法・旧国鉄債務処理法成立、長銀一時国有化、韓国金大中大統領来日、11月　クリントン米大統領、江沢民中国国家主席来日、神崎武法（１９４３年〜）公明党代表選任、12月　奈良の文化財世界遺産登録。

・11年　1月　自民・自由連立、2月　15銀行に公的資金7・45兆円資本金投入、臓器移植法による初移植手術大阪・信州大学付属病院で実施、3月　日産、ルノーと提携、4月　石原慎太郎（１９３２〜２０２２年）東京都知事当選、5月　周辺事態安全確保法、情報公開法成立、瀬戸内しまなみ街道開通、大手15銀行の不良債権20兆円、5月　情報公開法成立、東山魁夷没（画家　90歳）、6月　ケルン・サミット、7月　省庁改革・地方分権法、ダイオキシン類対策特別措置法成立、淡谷のり子没（歌手　92歳）、8月　国旗・国歌法、通信傍受を含む組織的犯罪対策3法、全国民の住民票に10桁コードを付け一元的に管理する住民台帳基本法成立、人事院初の国家公務員給与引下げ勧告、民主党代表に鳩山由紀夫選任、台風18号熊本県北部上陸死者12人、九州中国６県で死者27人、12月　オウム法成立（団体規制法、被害者救済法）、日光社寺世界遺産登録。

・12年　1月　両院に憲法調査会設置、2月　国会で初の党首討論、太田房江大阪府知事当選（全国初の女性知事）、3月　年金給付年齢の60歳から65歳への引上げ法（２０１３～２０２５年度の間に）成立、北海道有珠山噴火（22年7か月振り）、4月　介護保険制度スタート、国内航空運賃完全自由化、小渕総理発病（没62歳）、森喜朗内閣発足、出雲大社で巨大神殿の柱出土、5月　天皇陛下訪欧、犯罪被害者法、ストーカー規制法成立、森総理「日本は神の国」発言（神道政治連盟国会議員懇談会で）、6月　良子皇太后没（97歳）、衆院選（与党２７１議席、民主党躍進）、香川県豊島不法産業廃棄物公害調停成立、7月　三宅島雄島噴火、金融庁発足、そごう倒産、2千円札発行、8月　九州沖縄サミット、9月　シドニー五輪マラソンで高橋尚子金メダル（11月　国民栄誉賞）、プーチン（１９５２年～）露大統領来日、10月　みずほホールディングス（勧銀、第1、富士、興銀）、ＫＤＤＩ発足、白河秀樹筑波大名誉教授ノーベル化学賞、11月　加藤の乱、ＢＳデジタル放送開始、ＩＴ基本法成立、志位和夫（１９５４年～）共産党委員長選任、イチロー（1973年〜）大リーグマリナーズ入り（13年首位打者、盗塁王、新人王、ＭＶＰ、16年　最多安打262本）、12月　都営大江戸線開通。

・13年　1月　中央省庁1府22省庁から1府12省庁再編発足、三波春夫没（歌手　77歳）、2月　ハワイ・オアフ島沖でえひめ丸沈没（生徒、教師9人行方不明）、3月　韓国、中国の検定教科書批判激化、4月　三井住友銀行発足、森総理退陣、小泉内閣発足、「骨太の方針」閣議決定、ＤＶ防止法成立、5月　さいたま市発足（浦和、大宮、与野市合併、12番目の百万都市）、6月　大阪教育大付属池田小学校に男乱入（児童8人刺殺、15人重軽傷）、7月　ジェノバ・サミット、参院選（自民党惨敗）、8月　小泉総理靖国参拝、韓国、中国反発、9月　9・11テロ、新宿歌舞伎町雑居ビル火災（44人死亡）、10月　アフガン戦争、テロ対策措置法成立、中国・台湾ＷＴＯ加盟承認、小泉総理韓国訪問（金大統領Ａ級戦犯靖国合祀問題指摘、配慮求める）、11月　海上自衛隊インド洋派遣、12月　雅子妃内親王出産、野依良治ノーベル化学賞。

・14年1月　田中真紀子外相が野上次官更迭、ブッシュ米大統領来日、2月　ＵＦＪ銀行発足、アニメ「千と千尋の神隠し」ベルリン映画祭で金賞（15年　アカデミー賞）、3月　米国が鉄鋼製品にセーフガード発動、4月　公立学校週5日制、5月　日韓共催第17回サッカー・ワールドカップ開催、経団連と日経連統合し日本経団連発足（会長奥田碩）、6

月　カナナスキス・サミット（加）、村田英雄没（歌手　73歳）、8月　住民基本台帳ネットワークシステム化、9月　小泉総理訪北朝鮮、平壌宣言、10月　北朝鮮拉致被害者５人帰国、金融再生プログラム、小柴昌俊東大名誉教授ノーベル物理学賞、田中一（島津製作所勤務）にノーベル化学賞、11月　構造改革特区法成立、12月　民主党代表鳩山から菅に交代、東北新幹線盛岡～八戸開通、松井秀喜米大リーグ・ヤンキース入団。

・15年　1月　台湾新幹線日本企業7社受注、朝青龍横綱昇進、3月　イラク戦争、4月郵政公社、産業再生機構発足、六本木ヒルズ開業、日英米など6か国首脳ヒトゲノム解読完了宣言、5月　小泉総理再度平壌訪問、個人情報関連5法、食品安全基本法成立、中国香港からＳＡＲＳ（重度急性呼吸器症候群）国内感染、6月　有事関連法成立、エビアン・サミット（仏）、7月　イラク復興支援特別措置法（自衛隊派遣可）、少子化対策法、国立大学法人法成立、九州大雨（死者行方不明22人）、9月　十勝沖地震、10月　民主党、自由党合併、11月　日本人外交官２人イラクで殺害される、法科大学院66校認可、衆院選（与党過半数、民主党躍進（１１7から１7１議席へ）、社共大敗）、12月　最高裁で成田空港建設を巡る土地強制収用の農民側敗訴確定。

・16年　1～5月　陸上自衛隊イラク派遣（2月サマワ入り）、3月　九州新幹線開通、5月　小泉総理北朝鮮再訪、裁判員制度法、道路公団民営化法成立、民主党代表に岡田克也（１９５3年～）選任、6月　シーアイランド・サミット（米）、金融再生機能強化法、有事法制関連7法成立、自衛隊の多国籍軍参加決定、新潟・福島県、福井県集中豪雨、7月　参院選（民主党50、自民党49）、9月　メキシコとＦＴＡ締結、9～10月　台風10号（死者、行方不明１９０人）、10月　スーパーダイエー産業再生機構に再建支援要請、台風23号（20府県で80人以上死亡行方不明）、新潟県中越地震、11月　新札発行（１万円札福沢諭吉、５千円札　樋口一葉、千円札野口英世）。

・17年　2月　中部国際空港開港、3～9月　愛知万博、3月　島根県「竹島の日」条例制定、5月　プロ野球セパ交流戦始まる、6月　天皇皇后陛下サイパン島慰霊、7月　グレンイーグルス・サミット（英）、知床世界遺産登録、8月　国民新党・新党日本・新党大地旗揚げ、日タイＦＴＡ交渉決着、9月　衆院郵政解散、選挙、自民党大勝、10月　障害者自立支援法、郵政民営化法成立（19年10月　民営化）、自民党憲法改正草案決定、三菱フィナンシャルグループ発足。

・18年　2月　トリノオリンピックで荒川静香金メダル、4月　ＪＲ西日本福知山線尼崎事故（死者１０７人）、5月　行政改革推進法成立、6月　町づくり3法、自殺対策法、がん対策基本法成立、村上ファンド代表インサイダー取引容疑で逮捕、金融商品取引法成立、7月　マレーシアとのＦＴＡ交渉発効、露サンクトペテルブルグ・サミット、9月

小泉総理退陣、安倍晋三内閣発足、秋篠宮悠仁親王誕生、オウム真理教麻原彰晃（1955～2018年）死刑確定、大田昭宏（1945年～）公明党代表選任、10月　安倍総理中韓訪問、12月　教育基本法改正成立。

・19年1月　防衛省発足、国立新美術館開館、2月　公的年金保険料納付記録不明発覚、3月　ライブドア粉飾決算で堀江貴文被告に実刑判決、4月　温家宝（1942年～）中国首相来日、国会で演説、海洋基本法成立、シティグループの日興TOB成立、長崎市長伊藤一長狙撃され死去、5月　国民投票法成立（憲法改正手続き法、22年公布）、白鵬横綱昇進、6月　ハイリゲン・サミット（独）、教員免許更新制など教育3法成立、石見銀山世界遺産登録、7月　参院選挙（与党敗北、野党過半数）、9月　安倍総理辞任、福田康夫内閣成立、大丸、松坂屋経営統合、10月　郵政民営化、11月　最低賃金法、労働契約法成立、山中伸弥京大教授、人の皮膚からIPS万能細胞開発に成功。

・20年　1月　薬害肝炎救済法成立、ニューヨーク原油初の100ドル台、中国餃子中毒事件、3月　浅田真央フィギュアスケート世界選手権で優勝、4月　後期高齢者医療制度始まる、5月　胡錦涛中国国家主席来日、6月　日中東シナ海ガス田共同開発合意、秋葉原で無差別殺傷事件、7月　洞爺湖サミット、8月　北京オリンピックで北島康介平泳ぎ100、200mで金メダル、赤塚不二夫没（漫画家　72歳）、9月　福田総理退陣、麻生太郎内閣発足、リーマン・ブラザース社破綻、金融危機、11月　観光庁発足（国交省）。
・21年　1月　株式電子化完了、5月　森光子（1920～2012年）国民栄誉賞（放浪記2千回上演）、8月　東京地裁で初の市民参加の裁判員裁判、衆院選挙、自民党惨敗、民主党政権誕生、9月　消費者庁発足、山口那津男（1952年～）公明党代表選任。

3　民主党政権の時代―平成21年9月から24年12月

イ　民主党政権誕生まで

・民主党は、自民党、社会党などの内部分裂で離党した人々が集まり、小選挙区比例代表制選挙の下で生き残るための集団の性格も持つ寄合所帯政党として発足。党員数万、組織は連合のみ。
・平成8年結党。鳩山、菅、岡田、前原などが党幹部を務めたが、平成15年に自由党（平成8年に小沢一郎が結党、民主党と合流で解散）と合流、18年に小沢が民主党代表となり、小沢色が強くなった。
・15年11月の衆院選からマニフェスト作成、当初は、自民党の利権政治、官僚主導の裁量行政批判、新規政策には財源案も提示していたが、小沢采配となってからは選挙対策優先、バラマキ政策提示色が強まった。

・21年夏の衆院選で308議席（自民党119議席）獲得、民主党政権（国民新党、社会民主連合と連立）誕生。参院は16年7月選挙で50議席（自民党49議席）、19年7月選挙で60議席（自民党37議席）獲得、すでに優位にあった。

ロ　鳩山由紀夫政権（21年9月16日〜22年6月8日）

・政権発足当日、「政、官のあり方」発表。官僚の記者会見禁止など官僚の行動制約。麻生内閣の第1次補正予算執行停止、見直し指示。

前原国土交通相は群馬八ッ場ダム建設中止、岡田外相は日米間の核兵器に関する密約調査などマニフェスト事項の実行発言。

・大臣、副大臣、政務官の政務三役が政策決定、政策決定から官僚排除。事務次官会議廃止。

9月18日　小沢幹事長は、党政務調査会廃止、各省副大臣が与党議員に政策説明、意見交換する各省政策会議設置。

政府に党主要メンバー起用（菅直人蔵相、岡田克也（1953年〜）外相、前原誠司（1962年〜）国土交通相など）。

政府に参加できない民主党議員は疎外感を持ったとされる。

① 補正予算編成

・21年度補正予算は、マニュフェスト（子供手当、農家戸別所得補償、高速道路無料化など）実施の財政需要がある一方、不況で税収減のため、補正後予算は国債発行収入が税収を上回る大赤字となった。

・11月から自民党時代からの施策につき事業仕分け実施（官僚吊し上げ状況が生じた）。

② 沖縄基地問題

沖縄普天間基地の名護市辺野古地区への移転につき、鳩山は選挙中から「最低でも県外」と発言していた。

21年11月　来日したオバマ米国大統領から現行案の早期履行を求められ、総理は「ｐｌｅａｓｅ　ｔｒｕｓｔ　ｍｅ」と回答。辺野古の代替地探したが（徳之島、うるま市ホワイトト・ビーチなど）不首尾に終わり、翌年5月　辺野古を閣議決定。

署名を拒んだ社民党の消費者担当相福島瑞穂を罷免、社民党連立離脱。

米国、沖縄県の不信を買い、移転問題をさらに長引かせるだけに終わった。

③ 小沢訪中団

21年12月　小沢幹事長を団長とする民主党議員１４３人、総勢４８３人訪中。同月　習近平国家副主席来日、天皇陛下と特例会見（小沢の圧力によるとされる）。

④　鳩山退陣

21年12月　鳩山総理の政治資金問題化（母親から月１５００万円の「小遣い」が贈与税逃れとして追及された）。

22年１月　小沢の元秘書石川知裕他２人が政治資金規正法違反で逮捕、起訴、小沢は不起訴。

内閣支持率は20％を切る。

６月２日　民主党両院議員総会　鳩山総理、小沢幹事長退陣。

ハ　菅直人政権（22年6月8日～23年9月2日）

①　政権発足

代表選で樽床伸二に圧勝、仙谷由人（１９４６～２０１８年）官房長官、枝野幸男（１９６４年～）幹事長起用、反小沢スタンス。

22年７月　参院選で消費税率10％へ引上げを打ち出し44議席に減少（自民党51議席）、ねじれ国会に直面。

９月　尖閣諸島沖で海上保安庁巡視船に衝突した中国漁船船長を処分保留のまま釈放（外相田中真紀子）、国内で対中強硬論強まる。

23年1月　内閣改造、枝野を官房長官に起用。

②　東日本大震災

23年3月11日　東日本大震災、マグニチュード9・0、宮城県震度7の大地震、太平洋岸の広い地域に10m以上の津波襲来。

東北3県中心に死者・行方不明約1・8万人、建物全半壊約40万戸。

東京電力福島第1原子力発電所津波被災、全電源喪失、原子炉冷却できず1～3号機で炉心溶解、水素爆発、大量放射能飛散。菅総理は自ら原発事故対応を仕切ろうとして批判を浴びた。後日の調査報告書でも官邸の対応の問題点が指摘されている。

③　菅総理退陣

民主党内で菅総理批判、不信任同調の動きもあり、6月2日　退陣を思わせる発言、直ぐには退陣せず、批判を浴び、8月26日　退陣表明。

二　野田佳彦（1957年～）政権（23年9月2日～24年12月26日）

①　政権運営

菅辞任で代表選挙、5人立候補。小沢グループの推す海江田万里（1949年～）と反小沢の野田佳彦の対決となり野田が勝利、野田政権誕生。

野田は党内野党（小沢派）とねじれ国会に直面。

11月　ＡＰＥＣ首脳会議、「ＴＰＰ交渉参加に向け、関係国と協議に入る」と表明。野田総理は消費税率10％への引上げを代表選で表明していたが、民主党内で反対論が強く論議難航、12月29日　総理が党税制調査会に出席、反対派を抑えて消費税率10％へ引上げ案をまとめる。

12月　李明博（１９４１年～）韓国大統領と会談。従軍慰安婦問題、ソウルの日本大使館前の少女像撤去を巡り論議、関係悪化。

24年6月　韓国側はＧＳＯＭＩＡ（日韓軍事情報包括保護協定）署名延期。

8月　李大統領竹島上陸。日韓関係は最悪の状態になった。

石原東京都知事が尖閣諸島東京都購入意向を示し、そのための募金が9月には14億円に達した。石原知事は尖閣に「船溜り」を作る意向を示し、総理は知事の対応に外交上の危うさを感じ、9月11日　尖閣国有化閣議決定。中国海洋巡視船来航、領海侵犯を繰り返すことになる。

②　社会保障と税の一体改革と野田総理退陣

・「社会保障と税の一体改革法」閣議決定、国会提案（年金・医療・介護・子育てなどの社会保障の安定・充実と財源確保、財政健全化を目指し、消費税率を26年4月1日に8％、

27年10月1日に10％とすることを定める)。

民主党内小沢派は法案反対、野田・小沢会談を行うが小沢は反対を変えず、決裂。

6月中旬　民自公3党協議。民主党はマニフェストに掲げた最低補償年金制度創設撤回、3党合意成立。

6月26日　衆院可決。民主党は反対57、欠席16人。

7月2日　民主党の造反した小沢など衆議員37人、参議員12人離党。「国民の生活第一」を結党。

参院の審議では自公が野田総理に衆院解散時期明確化を迫り、野田総理・谷垣貞一（1945年〜）自民党総裁会談、「一体改革法案成立のあかつきには、近いうちに国民の信を問う」と野田総理は約束。

8月10日　改革法成立。

12月　衆院選、民主党惨敗、野田総理退陣。

野田総理は国政の現状、将来を考え、消費税率引上げは避けられない必要なものと認識、代表選でも主張、党内の反対勢力（選挙への影響を考える）を押し切って実現した。民主党内の評価は別として、野田総理は国政を第1に考える政治家であったと思う。

ホ　民主党のその後

・民主党政権は、鳩山・菅の政権運営、自民党政権の施策単純否定、現状認識不足と迷走、小沢の専横と党分裂行動、消費税増税も加わって国民の支持を失い、政権を失った。

・その後、海江田万里、岡田克也などが代表を務めたが、28年3月　維新の党と合流して民進党となり、29年秋　前原民進党代表が小池百合子（1952年〜）東京都知事の希望の党と合流表明、合流反対の枝野が10月　立憲民主党を立ち上げ、30年5月　民進党は希望の党を吸収し国民民主党発足。

令和2年（2020年）9月　立憲民主党と国民民主党の一部が新たな立憲民主党立上げ（衆参議員150人）、玉木雄一郎（1969年〜）中心の国民民主党となる。

ヘ　主な出来事

・21年9月　鳩山内閣発足、谷垣貞一自民党総裁選任、鳩山総理国連気候変動サミットで2020年までに90年比温暖化ガス25%削減を目指すと公表、11月　オバマ米大統領来日・演説、22年度概算要求の事業仕分け、森繁久弥没（俳優　96歳）。

・22年　1月　暴行容疑で朝青龍引退、トヨタ北米アクセル事故でリコール、3月　外務省、日米安保改定の際核持ち込み密約の存在認める、高校授業料無償化法成立、4月　独立行政法人の事業仕分け、第1生命が株式会社化、5月　社民党連立離脱、平城遷都1300年祭（11月まで）、5月「もんじゅ」14年振り運転再開、6月　鳩山総理・小沢幹事長退陣、菅内閣発足、野口聡一宇宙滞在163日で帰還、「はやぶさ」7年振り地球帰還、7月　参院選（与党過半数を失う）、8月　パキスタン大洪水に自衛隊派遣、9月　尖閣沖で中国漁船衝突、郵便不正事件村木厚労省局長無罪判決、竹富士会社更生法申請、イチロー10年連続200本安打達成、横綱白鵬4場所連続全勝優勝（62連勝、11月止まる）、10月　生物多様性条約名古屋会議、鈴木章・根岸英一ノーベル化学賞、小沢一郎政治資金規正法違反容疑で逮捕起訴（24年11月　無罪確定）、日銀0金利政策、11月　奈良県纏向で3世紀前半の大型建物跡出土、露大統領国後島訪問、12月　東北新幹線全面開通（東京～青森）、石川遼ゴルフ史上最年少賞金王（18歳）、高峰秀子没（女優　86歳）。

・23年1月　霧島連山新燃岳噴火、中国2010年GDP世界2位日本3位に、3月　東日本大震災、九州新幹線全面開通（博多～鹿児島）、大相撲初場所中止（八百長問題、25人追放処分）、5月　日中韓首脳会談（温家宝中国首相、李韓国大統領が東日本大震災見舞）、ビン・ラディン殺害、6月　小笠原諸島世界自然遺産、平泉世界文化遺産登録、7月「なでしこジャパン」女子サッカー・ワールドカップで優勝（8月　国民栄誉賞）、8月　原子力災害賠償支援機構法成立、サルコジ（1955年～）仏大統領来日（福島原発事故への技術支援表明）、リビアのカダフィ政権崩壊、菅退陣、野田内閣発足、9月台風12、15号（死者行方不明120余名）、10月　円1ドル75・32円の最高値、内村航平世界体操3連覇、野田総理韓国訪問朝鮮王室儀軌返還、12月　野田・李韓国大統領会談。

・24年　1月　ダルビッシュ米大リーグ・レンジャーズ入り、2月　復興庁発足、公務員給与削減法成立、4月　ミャンマー大統領来日（円借款再開）、5月　東京スカイツリー開業、7月　国民の生活第一党結成、8月　社会保障と税の一体改革法成立、韓国大統領竹島訪問、9月　尖閣国有化、原子力規制委員会発足、日本維新の会発足、レスリング吉田沙保里13連覇国民栄誉賞、10月　石原都知事辞任（11月　日本維新の会代表就任）、山中伸弥ノーベル医学生理学賞、オスプレー普天間基地配備、12月　衆院選（民主党惨敗）、野田総理退陣、安倍内閣発足、ゆるキャラブーム。

4　自民党政権復活、継続

平成24年の衆院選で自民党大勝、民主党惨敗、自民党政権が復活した。民主党鳩山・菅政権の自民党政策の否定、政策の迷走、官僚疎外・活用の失敗は国民の支持を失う因となった。

政権を去ってからも民主党の負のイメージが消えず、野党は多数の国民の支持（選挙での過半数）を得られず、今日まで自公連立政権が続いている。

大阪に生まれ、内部分裂の後、「おおさか維新の会」は28年8月に「日本維新の会」と改名、大阪の地域政党から全国ベースの政党への成長を目指している。

「野党は支持しないが自民党へ投票をためらう」人々の票で、国、地方議員とも議席を伸ばしているが、自民党に代わる政権政策を提示しているとは言い難い状況にある。

国勢の低迷、少子高齢化問題、国際情勢の緊迫化の中で重要課題が山積している。国政上、必要な政策であっても国民に不人気なものは与野党とも先送り、選挙の投票率も低く、政治の在り方、国民の国政への関心の低さなどが問われている。

イ　安倍晋三（1954〜2022年）政権（24年12月26日〜令和2年9月16日）

衆院選で民主党に勝利した自民党総裁安倍晋三が組閣（2度目）、安倍政権（自公連立）は24年12月26日から令和2年9月16日まで凡そ8年続いた。

安倍政権は「デフレ脱却による日本経済再生」を掲げたが、在任中にデフレ脱却と言える状況にはいたらなかった。

①　政権運営

25年1月　アベノミックス3本の矢（大胆な金融緩和（インフレ目標2％）、機動的な財政運営（13兆円の補正予算）、設備投資を喚起させる成長戦略）を表明、25年度予算は3本の矢を柱とした。

2月　黒田東彦（１９４４年〜）日銀総裁起用（任期は10年に及び、異次元の金融緩和実施）。

4月　自民党憲法改正案まとまる（天皇を日本国元首、国防軍の保持明記など）。

7月　ＴＰＰ交渉参加（27年10月　大筋合意）。別に、日米間で、牛肉、豚肉、自動車関税引下げ交渉。

参院選挙65議席獲得（民主17議席）、参院は１３５議席となり「ねじれ国会」解消。秋の臨時国会で国家安全保障会議設置法、特定秘密の保護に関する法律成立。

12月　国家安全保障戦略決定。円安、株高進む。

26年4月　消費税率８％実施。

7月　集団的自衛権閣議決定（わが国と密接に関係ある他国に対する武力攻撃が発生し、これによりわが国の存立が脅かされ、国民の生命、自由及び幸福追求の権利が根底から覆される明白な危険があることなどの条件を満たす場合に集団的自衛権を行使できる）。

11月　消費税率10％引上げ先送りの是非を掲げて衆院解散、選挙勝利、10％先送り。

27年5月　「維新の大阪都構想」住民投票反対多数。

6月　公職選挙法改正成立（選挙権年齢18歳以上に引下げ）。
28年1月　伊勢志摩サミット、オバマ（１９６１年～）米国大統領広島訪問、日銀マイナス金利導入。
11月　米国大統領選トランプ（１９４６年～）勝利（安倍総理はトランプ大統領と親密な関係を築く）。
12月　プーチン露大統領来日。
29年1月　大阪森友学園への国有地売却問題（総理夫人関与問題）、加計学園獣医学部新設問題（総理の関与問題）生起。
6月　天皇退位等に関する皇室典範特例法成立。
7月　日本とＥＵのＥＰＡ交渉、大枠合意。
11月トランプ米国大統領来日。
30年6月　18歳成人改正民法成立（令和4年4月1日実施）。
31年（令和1年）5月　平成天皇退位、徳仁天皇即位、令和に改元。
10月　消費税率10％（食品８％）に。
令和2年1月　コロナ感染拡大、４月　全国に緊急事態宣言。全国民に1人10万円支給、持続化給付金（対事業者）、ｇｏ　ｔｏキャンペーンなどの補正予算（その後、数回、コロナ関連追加補正予算（累計約100兆円、財源は国債発行））。
桜を見る会を巡り総理周辺の不祥事問題化。
8月　安倍総理退陣表明、9月　自民党総裁選、菅総裁選出。

②　安倍長期政権の成果と影

・安倍長期政権は、安保法制（集団的自衛権容認）、TPP協定（環太平洋貿易圏）、トランプ米国大統領との親密な関係などの実績を残した。

一方、中国、韓国との関係は冷却、ロシアのプーチン大統領とは頻繁に往来、北方領土問題の解決を目指したが成果は得られず、2022年2月のロシア・ウクライナ戦争勃発でロシアとの関係は悪化した。

安倍総理は長期にわたり政権の座にあり、各国首脳と親密な関係を築き国益に貢献したことは多くの評価を得、国外の評価も高い。

・内政面では、低成長、低物価が続き、安倍総理が政権当初に表明したデフレ脱却には至らず、財政赤字は累増した。

・長期政権による驕り、規律の弛緩、コロナ問題が退陣表明につながった。

・令和1年5月1日、今上陛下即位、平成天皇が上皇になられたことは戦後の天皇制の大きな変革であった。皇族の減少、皇嗣についての課題（内親王宮家、女性天皇など）が残されている。

ロ　菅義偉（1948年〜）政権（2年9月16日〜3年10月4日）

自民党総裁選で岸田文雄（１９５７年〜）、石破茂（１９５７年〜）を破り、２年９月菅内閣発足（自公連立）。

菅総理は安倍政権の施策承継を表明。コロナ蔓延の収束とコロナ下での経済活動の再生、行政改革による縦割行政の是正、規制緩和による既得権益の打破、デジタル化の推進、携帯電話料金引下げなどを掲げ、社会生活は、自助・共助・公助が必要とした。

２年10月　２０５０年までに温室効果ガス排出ネット0宣言、日英ＥＰＡ署名。

11月　秋篠宮、立皇嗣の礼。

３年５月　デジタル庁関連法成立、９月　デジタル庁発足、コロナ対策不評などから退陣表明。

自民党総裁選、岸田文雄が決選投票で河野太郎を破り総裁に選出。

ハ　岸田文雄政権（3年10月4日〜）

３年10月　岸田内閣発足（自公連立）、衆院選挙、自民党勝利。

甘利自民党幹事長が小選挙区で敗北（比例復活）、茂木幹事長に交代。

岸田総理は自らの内閣を新時代共創内閣と称し、信頼と共感を得る政治、国民の声を聞く姿勢を強調、また、所得再分配に力点を置き、成長と分配の好循環の実現、大型で思い切った新型コロナ対策と経済対策の実現を述べた（「新しい資本主義（行き過ぎた市場主義是正、賃上げ等所得格差是正など）」標榜）。

岸田政権は安倍、麻生元総理の協力、支持を受け、コロナ対策問題取組みに始まったが、様々な国内問題、世界情勢変貌の中で難しい環境の下に置かれている。これからの政権いずれもが取り組んで行かねばならない問題であろう。

①　コロナ問題

コロナ・パンデミックは3年10〜12月には下火となり、4年1月以降、軽症で済むオミクロン株へ移行。3月21日　緊急事態宣言解除。その後も新株が流行したが、最悪時とは異なり、病状は軽症化、重症者・死亡者減少。5年5月　5類へ移行、インフルエンザなどと同じ扱いとなった。マスク着用義務緩和、様々な規制も解除され、経済活動、インバウンドも戻りつつある。一方、コロナ前に比べ、リモート・ワークの普及・継続、経済復調による人出不足顕在化、AI普及などの現象が目立つ。コロナ以前にあった多人数での会合、それなりの弔問客を想定した葬式などが行われなくなり復活しない、スキンシップを避ける傾向など人と人との交わりが希薄になったと感じる。生活の合理化、ＩＴテクノロジーの革新に伴う時代の変わり目を象徴しているのかもしれないが、一抹の寂しさを感じる。

②　ロシアのウクライナ侵攻と国防強化

ｉ　ロシアのウクライナ侵攻

・令和４年2月　プーチン大統領の命（ウクライナのＮＡＴＯ加盟志向はロシアの安全を脅かす、大ロシア主義主張）でロシアがウクライナ侵攻。ウクライナは抗戦、戦争は6年現在も続いている。

米国はじめＮＡＴＯ諸国や日本はロシアの侵攻は国際秩序を破るものとしてウクライナを支持、軍事、経済援助。中国などロシア寄りのスタンスにある国も多い。

２０２３年のウクライナの反転攻勢は奏功せず、昨今、戦線は膠着状態ないしはロシアが押し気味の状況にある。ウクライナにとって重要な米国の軍事支援が議会で共和党の賛同が得られず滞っている。一方、ロシアは軍事、資源、人口大国であり、ウクライナは厳しい状況にある。戦争の結末はまだ見えない。日本政府は一貫してウクライナ支援、ロシア批判のスタンスにある。今後の展開に応じた対応が重要となる。

ii　日本の国防強化

・わが国では、この戦争の影響で自国防衛について国民が強い関心を持つようになった。中国の台湾封鎖、台湾侵攻が起きた場合の対応、中国海軍の海洋進出（尖閣、南シナ海問題）、中国・ロシアの軍事圧力、シーレーンの確保、日米安保条約の実効性などが現実問題として意識されるようになった。

　こうした情勢を踏まえ、岸田政権は、4年12月　防衛予算を令和9年度までの5年間にNATO並みのGDPの2％（11兆円）まで増やすことを閣議決定。令和5、6年度防衛予算は大幅に増加、一般歳出の中で社会保障費に次ぐ規模となっている。

・自国防衛は最重要課題であり、その充実に異論はないが、防衛費は固定化し縮減が難しい。強化される防衛力の内容の必要性、実効性の検証（兵力・装備内容、運用、防衛効果など）が欠かせない。財源は、外為、財投会計からの繰入金、毎年の決算剰余金の半分、不用財源、歳出改革などのほか、不足する1兆円は増税（法人税・タバコ税引上げ、東北震災復興特別所得税2％の課税期間延長と1％分充当、増税時期は先送りされている）によるとされているが不確実なものもあり、また、財政再建との関係など今後に問題を残している。

　戦争抑止力の保有と並んで平和維持、戦争が起きないためのあらゆる努力が最重要であることは論を待たない。

iii　ハマス・イスラエル戦争

５年10月　ガザ地区ハマスがイスラエル領内に侵入・人々を殺傷拉致・ミサイル攻撃、イスラエルが反撃、ハマスとイスラエルの戦争が始まった。ハマスは拉致した人々を人質とし、構築していた地下トンネル、施設を根城に抗戦、イスラエルはハマス殲滅を目指し、ガザ地区を空爆、海上から砲撃、陸上侵攻。戦闘により、多数の子供を含む３万人を超えるガザ地区住民死者（イスラエル側は千数百人）が生じたと報道され、停戦・人質解放への国際世論が高まっている（昨年11月末に数日間停戦と人質の一部解放）。

この戦争でイスラエルとサウジの和平交渉は頓挫、戦争は中東和平（エジプト、ヨルダンなど）の動きにも影響を与えている。

アラブ、イスラエル問題は根が深い、さらに、イラン（ハマス、ヒズボラなど支援）が絡んでいる。関係者間で戦争終結への交渉が行われていると伝えられる。わが国の外交にとっても重要な問題である。

③　物価問題、デフレ脱却

i　デフレスパイラル

商品価格が毎年変わらず、消費者の生計費も変わらず、生計費不変なので労賃も変わらず、企業は人件費が毎年不変で価格転嫁の必要がない。こうした中で企業には新商品開発のインセンティブが働かず、労働者も賃金が変わらないのでスキルアップのインセンティブが働かない。こうした状態が教科書的なデフレであり、失われた20年の姿を彷彿とさせる。

日本は2000年以降、世界で成長率、短期政策金利が極めて低い国の一つであった。

ⅱ　昨今の物価、景気状況

・ロシアは化石燃料・穀物、ウクライナは穀物の大生産国である。ロシア・ウクライナ戦争の影響で戦略物資でもある両物資の供給が減少、価格上昇、世界に影響を与えた。日本では、日米金利差に基づく円安も重なり、デフレ状態で永らく安定していた物価がガソリン、食料品、日用雑貨を中心に急上昇した。それは生計費の上昇を招き、賃上げ要求につながった。岸田政権は、賃上げを経済界に働きかけ、5年春闘では3・58％（前年2・07％）の賃上げを実現、最低賃金も1000円に引上げられた。6年春闘は更なる賃上げを目指しており、最低賃金もさらに引上げられると見られている。金利も上昇と見込まれており、デフレ脱却が見えてきたと言われる。設備投資の動きも見られる。

・他方、物価の上昇は、年金生活のシニア世代、価格転嫁が難しい中小企業にとっては厳しいものがある。値上ムードに乗じた便乗値上げの問題もある。そうした問題への対応や原油価格下落、円高などの動きがあれば国内物価に反映する政府の監視誘導が必要であろう。

・政府は物価対策として、ガソリン等補助金（ガソリン価格がℓあたり170円程度を超えると元売り会社に補助）、電気ガス料金の負担軽減（単位当たり料金軽減）を行っているが（多額の予算を要する）、そうした消費者負担軽減をせず、価格は市場に任せ、消費者は価格が高いので消費抑制すること（消費抑制で温暖化対策になる、値下げにつながる、セーフティーネット拡充は必要）も考えられる。今日の赤字財政下で財政による対応は再考すべきと思う。

・令和6年度予算には、国民所得引上げのため、税収の上振れ分（3兆円台半ば）で4万円（所得税3万円、住民税1万円　令和6年6月開始）の定額減税と低所得世帯に1世帯7万円支給が盛られている。防衛費、少子化対策のための国費増、国債依存削減が必要な今日の財政状況の中で疑問とする声も多い。

④　少子化対策

i　政府の対応

・少子化対策が喫緊の課題であることから、令和4年6月「こども家庭庁設置法」が成立、こども家庭庁が発足。

5年6月13日　こども未来戦略方針閣議決定。戦略方針の概要は以下の通りである。未婚者増、子供出生数著減の現状を踏まえ（日本は子供を産みやすい国と思わない人が6割）、結婚、子供を産み育てたい希望が叶えられるよう、明るい希望を持てる社会をつくり、少子化トレンドを逆転させる。２０３０年代に入るまでの6〜7年間が「少子化傾向を反転できるかのラストチャンス」と認識、今後3年間を集中取組期間と位置づけ加速化プランを纏めるとし、以下の具体策を挙げる。

ａ　児童手当の所得制限撤廃、支給対象を中学生までから高校生まで、支給額１・５万円を3万円に拡大。

ｂ　出産費用の保険適用（２０２６年目標）。

ｃ　短時間労働者への被用者保険適用拡大と最低賃金引上げの取り組む企業に費用補助など。

ｄ　子育て環境に優れた公営住宅への優先入居（10年間で20万戸確保）。

ｅ　保育士の配置基準改善、親の就労を問わず、時間単位で保育施設を利用できる「こども誰でも通園制度」実施。

ｆ　育児時短就業給付金制度創設（２０２５年度実施）。

ｇ　選択的週休3日制度普及。

h　実現のためには「こども家庭庁」予算（4年度　4．7兆円）の5割増が必要。

i　財源は、既定予算の最大限の活用、歳出改革による公費節減と社会保険負担軽減効果活用、実質的追加負担は生じさせない、増税は行わない。賃上げ実現と社会、経済参加者全員が連帯し支援金制度を構築する。

・6年度は、児童手当拡充、高等教育の負担軽減拡大などの経済支援、幼児教育・保育の質の向上など予算化。

・少子化対策は重要であるが難事である。政府の対策の成果を見極めたい。対策の財源について、国民の実質的追加負担を生じさせないとしているが、具体策について明らかではなく、財政再建との関係も不明である。

ⅱ　考慮すべきこと

・わが国の人口は2008年の1・28億人をピークに減少している。人口減少は少子化による。少子化は女性の教育水準上昇、就業による晩婚化、未婚率上昇、合計特殊出生率の低下による。生涯未婚率は1985年頃は男女とも5％未満であったが、1990年以降増加、2022年には男性28％、女性18％となっている。既婚者の出生率は1・90（2021年）で人口維持に必要な2・06に近い。合計特殊出生率1・26（2022年）となるのは未婚者が多いことによる。未婚者が多いのは結婚する、しないは個人の自由という昨今の風潮、結婚を促す仕来りが廃れてきたことがあろうが、女性は結婚、出産、育児により自分のキャリアを中断ないし諦めざるを得ないことも要因とみられている。キャリア中断のマイナスを最小化する対応が必要であろう。

・結婚、子育て、子孫を残すことは苦労もあるが楽しみがあり、人生の重要事である。男女の平均寿命が80歳を超える長寿社会を迎え伴侶のある生活が人生を豊かにもする。また、子孫を残すことは生物としての人類存続のための責務の一つである。

結婚についての男性女性の意識・認識の深化、子育て環境の充実、結婚は個人生活・社会生活・国の存立と繁栄にとって大切であることを再認識する社会の流れが肝要である。

⑤　財政再建問題

国債残高は累増の一途をたどっている財政の国債依存はすでに限界を超えている。物価上昇に伴い金利上昇が始まり、令和６年度予算では１１２兆円の歳出のうち国債利払費は急増（前年度７・６から９・７兆円）、問題が現実感を伴って世間で認識されるようになった。

「財政支出は国民負担により賄われる」ものであることを前提に、支出の是非、要否を考えることが必要である。

日本経済はやっとデフレ脱却、成長も取り戻しつつあり、税収も増加している。それと共に国債の金利負担が急増する。財政再建の時期が到来している（後述）。

⑥　統一教会問題

・令和4年7月8日　参院選期間中（7月10日投票）、奈良市内で遊説していた安倍元総理が山上徹也（41歳、元自衛隊員）に銃撃され死去。山上は実母が統一教会員で母の教会献金により家庭崩壊したことへの怨みから自民党大物の安倍元総理を殺害したという。

事件後、要人警護の在り方が糾弾されるとともに、政党（とりわけ自民党、安倍の叔父岸信介以来、同教会と関係があったとされる）と統一教会の関係が、世上、糾弾された。岸田総理が安倍国葬としたことも世論の批判を受けた。

5年10月　統一教会解散命令を政府は裁判所に提出。被害者救済のためには教会財産の保全と具体的救済が課題となっている。

⑦　自民党のパーティー券売上げのキックバック問題

・令和5年12月、自民党清和会（安倍派）を中心に、派閥主催のパーティーにつき、所属議員が割当て枚数を超えて売上げた金額が派閥から議員にキックバックされ、その分は派閥、個人の政治資金収支報告書に記載されていないこと、それが裏金として使用されていたことが問題となった。

個々の議員の多くは、派閥からの金は政策活動費と理解、派閥からも報告書記載不要と言われたと述べていると報道された。

・政治資金規正法は、企業、団体から政治家個人への寄付を禁止、寄付を受けることができる政党及び政治資金団体から政治家個人に支出される資金（政策活動費）について、政党、政治資金団体は議員名、金額を政治資金収支報告書に記載しなければならないが、受け取った政治家個人は収支報告の義務はないこととなっている。このため政策活動費は使途不明で政治資金の抜け穴とも指摘されている。

・世論の批判は大きく、清和会の閣僚、副大臣、党役員は全員、役を離れ、岸田内閣から清和会メンバーが居なくなった。

検察の捜査が行われ、安倍派、二階派の会計責任者と多額の還流を受けた３議員が立件されたが、疑惑を報道されていた安倍派幹部７人については会計責任者との共謀なしとして立件は見送られた。

自民党は、清和会の衆参代表２人の離党勧告をはじめ39人の関係議員処分決定（４月４日）、今国会で政治資金規正法を改正すると報道されているが、処分への党内の批判・不満、政局への影響が取沙汰されている。

政治資金は古くて新しい問題である。

二　主な出来事

・24年12月　安倍内閣発足。

・25年1月　3本の矢宣言、大鵬没（横綱　72歳）、2月　黒田日銀総裁就任、柔道女子監督の暴力問題、3月　インターネットによる選挙運動解禁、4月　量的質的金融緩和決定（日銀）、自民党憲法改正案まとまる、5月　共通番号法成立、6月　富士山世界文化遺産登録、7月　東証・大証合併、日本TPP交渉参加、参院選、9月　東京五輪開催決定、10月　川上哲治没（プロ野球　93歳）、11月　24年衆院選一票の格差違憲判決、12月　特定秘密保護法、国家安全保障会議設置法成立、国家安全保障戦略策定、安倍総理靖国参拝、「あまちゃん」ブーム、福島原発処理水問題化。

・26年2月　舛添要一都知事当選、ソチ五輪羽生結弦金メダル、記録的大雪、4月　消費税率8％に、オバマ米大統領来日、5月　認知症行方不明者社会問題に、6月　富岡製紙場世界遺産登録、虎ノ門ヒルズ開業、7月　集団的自衛権閣議決定、豪とEPA合意、土井たか子没（政治家　85歳）、8月　「朝日新聞の韓国慰安婦報道」問題化、広島土砂災害、9月　御嶽山噴火、宇沢弘文没（経済学者　86歳）、10月　赤崎勇・天野浩・中村修二ノーベル物理学賞、内村航平世界体操5連覇、11月　最高裁25年参議院選挙違憲状態と判断、翁永雄志沖縄県知事当選、衆院解散・選挙、ノルディックスキーW杯葛西紀明最年長優勝

（42歳）、高倉健没（俳優　83歳）。
・27年　2月　ウイリアム英王子来日、3月　北陸新幹線開通、4月　天皇皇后陛下パラオ共和国訪問、5月「維新の大阪都構想」住民投票反対多数、6月　改正選挙法成立（選挙権年齢18歳に）、7月　参院選の選挙区改革（4県で合区）、明治日本の産業革命遺産世界遺産登録、東芝歴代3社長不正会計処理で辞任、8月　女性活躍推進法成立、川内原発大震災後再稼働、メドベージェフ露首相択捉島訪問、9月　豪雨で鬼怒川決壊、原節子没（女優　95歳）、10月　マイナンバー制度施行、TPP交渉大筋合意、大村智ノーベル整理医学賞、柴田隆章ノーベル物理学賞、スポーツ庁発足（長官鈴木大地）、11月　北の湖没（横綱　62歳）、水木しげる没（漫画家　93歳）。
・28年　1月　天皇皇后陛下フィリピン訪問、訪日客過去最高、2月　高梨沙羅ノルディックスキーW杯10連勝、3月　北海道新幹線開業、国立西洋美術館世界遺産登録、4月　熊本地震、台湾電子機器鴻海がシャープ買収、5月　伊勢志摩サミット、オバマ米国大統領広島訪問、日銀マイナス金利導入、永六輔没（音楽家　83歳）、6月　ヘイトスピーチ対策法施行、舛添都知事辞任（政治資金の私的流用問題で）、7月　天皇陛下、生前退位意向表明、小池百合子東京都知事当選、福祉施設職員による多人数殺傷事件、千代の富士没（横綱　61歳）、8月　リオデジャネイロ五輪で伊調馨女子レスリング4連覇、イチロ

ｌ大リーグ3千本安打、９月「沖縄普天間基地の辺野古移設」高裁で国勝訴、10月大隅良典ノーベル生理医学賞、11月ミャンマー・スーチー来日、白鵬千勝、12月カジノ解禁法成立、プーチン露大統領来日、「もんじゅ」廃炉正式決定。
・29年　1月森友学園国有地売却問題、加計学園獣医学部新設問題、文部省の天下り斡旋問題、2月沖縄辺野古土木工事着手、東芝が東証2部市場へ降格（大赤字）、3月サウジ国王来日、4月将棋藤井聡太最年少で歴代1位の29連勝、6月天皇退位等に関する皇室典範特例法成立、7月日本EUのEPA交渉大枠合意、9月陸上１００mで桐生祥秀日本人初の9秒台、11月トランプ米国大統領来日。
・30年　1月オウム事件裁判終結（7月元代表麻原等死刑執行）、星野仙一没（プロ野球70歳）、2月平昌五輪羽生弓弦スケートフィギュアで金メダル、3月大阪の国有地売却に関する公文書改竄で国税庁長官辞任、6月18歳成人改正民法、働き方改革関連法成立、G7シャルルボア・サミット、7月カジノを含む総合型リゾート実施法成立、西日本豪雨（死者２００人以上）、8月さくらももこ没（漫画家53歳）、9月沖縄県知事玉城デニー当選、大阪なおみテニス全米オープン優勝、10月中央卸売市場、築地から豊洲へ移転、本庶佑ノーベル生理医学賞、韓国最高裁で徴用工への賠償支払判決確定、11月日産会長金融商品取引法違反で解任・私的損失付け替え容疑で再逮捕。

・令和元年（平成31年）　1月　梅原猛没（学者　93歳）、3月　京都アニメ製作所放火事件、5月　徳仁天皇即位、令和と改元、平成天皇上皇に、6月　G20日本初開催（広島）、7月　日本IWC脱退・商業捕鯨再開、JAXAはやぶさ2号リュウグウ地下物質採取、水泳世界選手権で瀬戸大地200・300m金メダル、百舌鳥・古市古墳群世界遺産登録、9月　日米貿易協定合意（自動車追加関税回避）、台風13号東日本各地で大雨（52河川決壊）、10月　消費税率10％に、沖縄首里正殿北殿南殿全焼、吉野彰ノーベル化学賞、金田正一没（プロ野球　86歳）、ラグビーW杯日本大会開催（日本初の8強）、11月　大嘗祭、12月　日産会長無断出国。

・2年　1月　コロナ感染拡大、マスク品不足、フランシスコ教皇来日、2月　野村克也没（プロ野球　84歳）、3月　IOC東京五輪1年程度延期公表、4月　全国に緊急事態宣言、8月　安倍総理退陣表明、9月　自民党総裁選、菅総理選出、10月　温室効果ガス2050年排出ネット0宣言、11月　秋篠宮立皇嗣の礼、小柴昌俊ノーベル物理学賞。

・3年　1月　コロナ緊急事態宣言（首都圏に発動、7府県追加）、バイデン米大統領就任、トランプ支持者連邦議会乱入事件（米国）、2月　コロナワクチン接種開始、森喜朗五輪組織委員会会長辞任（性差別発言）・橋本聖子会長選任、3月　田中邦衛没（俳優88歳）、4月　コロナ蔓延防止等重点措置適用開始、3回目の緊急事態宣言、松山英樹ゴ

実質成長率の推移

平成1	2	3	4	5	6	7
4.86	4.89	3.42	0.85	△0.52	0.88	2.63

8	9	10	11	12	13	14
3.13	0.98	△1.27	△0.33	2.77	0.39	0.04

15	16	17	18	19	20	21
1.54	2.19	1.80	1.37	1.48	△1.22	△5.69

22	23	24	25	26	27	28
4.10	0.02	1.38	2.01	0.30	1.56	0.75

29	30	令和1	2	3	4	5
1.68	0.64	△0.40	△4.24	2.23	1.05	1.60

6
1.30

（注）平成2年、12年、22年、令和2年の名目GDPは、それぞれ462兆円、535兆円、505兆円、538兆円。平成5～6年は政府経済見通し（年度）。

ルフ・マスターズ（米）優勝、立花隆没（ジャーナリスト　80歳）、6月　G7サミット（英国で）、笹生優花ゴルフ全米女子オープン優勝、7月　東京オリンピック（7月23日〜8月8日）、奄美・沖縄世界遺産登録、9月　デジタル庁発足、菅総理退陣表明、自民党総裁選で岸田文雄総裁選出、10月　岸田内閣発足、衆院選（自民党勝利）、11月　中村吉右衛門没（歌舞伎役者　77歳）。

・4年　1月　円安加速（1月1ドル116円、9月　140円台）、2月　北京五輪高木美

帆スピードスケート金メダル、ロシアがウクライナ侵攻、４月　成人年齢18歳に引下げ、北海道知床で26人乗り観光船沈没乗客全員死亡、６月　こども家庭庁設置法成立、７月　安部元総理銃撃事件（９月　国葬、野田民主党元総理追悼演説）、参院選、新型コロナ新規感染者日20万人超・自宅療養者１００万人超、８月　東京五輪汚職組織委元理事（電通元専務）逮捕、自民党議員の統一教会との関係が問題化（山際大臣辞任）、９月　エリザベス英女王没（96歳）、天皇皇后両陛下女王葬儀参列、11月　北朝鮮ミサイル乱射、12月　統一教会問題を受けて被害者救済法成立。

・5年　２月　日本各地での強盗傷害事件の指示役（ルフィ）が比から強制送還・逮捕、３月　野球ＷＢＣ日本優勝、岸田総理ウクライナ訪問、日韓（ユン大統領就任）関係雪解け、４月　植田日銀総裁就任、岸田総理演説会場に爆発物投込み、こども家庭庁発足、宮古島周辺海域で陸自第８師団長ヘリ墜落・搭乗者５人死亡、５月　コロナ５類に、ＷＨＯ緊急事態宣言解除、広島サミット、ジャニー喜多川社長の性加害問題表面化、６月　異次元の少子化対策（来年から集中実行へ）、株価３・３万円台、マイナンバー関連トラブルで総点検表明、ＬＧＢＴ理解増進法・防衛財源確保法など通常国会で成立、７月　中古自動車販売大手ビッグモーター保険金不正請求表面化、日本各地で大雨、８月　日本全土で猛暑、福島原発処理水海洋放出開始、日大アメフト部員大麻所持逮捕（11月廃部表明）、

9月　プロ野球阪神リーグ優勝18年振り（11月　日本一38年振り）、ＪＡＸＡのＨ２Ａロケット（月探査）打上げ成功、10月　ハマス・イスラエル戦争、旧統一教会の解散命令を政府が東京地裁に請求、藤井聡太史上初8冠、大谷翔平米リーグで日本人初ホームラン王、11月　東北で熊被害多発、東芝上場廃止、オスプレー輸送機屋久島沖墜落、池田大作没（95歳　創価学会名誉会長（昭和35年5月～54年4月まで会長））、12月　自民党パーティー資金のキックバック（裏金）問題化、大谷翔平（29歳）史上最高額（7億ドル）でドジャース（米プロ野球）へ移籍。

5　この時代の残した問題―低成長、財政規律の弛緩、時代の変わり目

イ　低成長

①　低成長の推移

・平成初はバブル経済と呼ばれる時期で、1年4・86、2年4・89、3年3・42％の経済成長（実質）であったが、バブル崩壊で4年0・85、5年△0・52、6年0・88％と落ち込んだ。その後、不況到来、9年0・98、10年△1・27、11年△0・33％成長と2年連続のマイナス成長となった。当時、不況は景気循環によるものと理解され、所得・法人税減税、公共投資投入策が採られたが、それを起爆剤とした民間投資、消費は昭和の高度成長

期のように回復せず、マイナス成長は脱したものの１～２％台の低成長にとどまった。小泉政権は「構造改革なくして景気回復なし」として規制緩和を行おうとしたが既得権益に踏み込むほどのものではなく、経済成長の因にはならなかった。その結果、財政赤字は続き、国債残高は累増した。

・米国のサブプライム住宅ローン問題に端を発し、20年秋に米国のリーマン・ブラザース社倒産、リーマンショックと呼ばれた世界不況到来、わが国の成長率も20年△１・22、21年△５・69％と大幅なマイナス成長となる。ショック回復後もわが国経済は１％前後の低成長が続き、コロナパンデミックで令和１年には△０・40、２年は△４・24％のマイナス成長となった。税収不足、歳出需要に国債発行で対応（コロナ対策では累計１００兆円の補正予算追加）、今日、国債残高はＧＤＰの２倍、１０００兆円を超え、世界有数の財政赤字国となった。低成長経済が続いたため１人あたり名目ＧＤＰは多くの国の後順位となっている。

②　低成長の因

・低成長となったのは様々な要因が重なり合っている。昭和の成功経験から抜け出せず、新たな競争に遅れをとったとも言われる。

ｉ　過って経済成長を主導した製造業が後続国に追いつかれ、追い越された。

ⅱ　日本の生産工場がコストの安い途上国に移転、或いは、米国の圧力で米国内に設置されるなど設備投資が国外に移り、日本国民の働く場が奪われ、国内設備投資、消費のマイナス要因となった。

ⅲ　ＩＴ情報産業、金融ハイテク事業の展開に立ち遅れた。

ⅳ　日本人の生活が豊かとなり、活力、上昇志向減退、過ってのハングリー精神がなくなり、現状に甘んじる傾向、また、国内志向となった。

ｖ　少子高齢化、人口減少社会となった。

こうした要因が累積、物価は上がらず、賃金も上がらず、企業国内投資も増えず、デフレ状態が恒常化した。

・昨今、物価上昇、賃金上昇、経済の先行きに明るさも見える状況になっている。これが消費、投資の好循環になることを期待したい。

・これからは定常社会となり、成長ではなく個人の幸せを求める社会に変わっていくという論者もいる。

しかし、世界は資本主義経済のプリンシプルで動いており、日本も、市場競争、多くの成長志向の国々と競争、生き抜いていかねばならない。そのためには、テクノロジー進展に遅れをとらないための投資と国を挙げての研究開発は欠かせない（基礎科学の充実は重要）。それは1人当たりのGDPの増加＝経済成長を求めることでもある。定常社会論は一つの理想世界論であり、現実は厳しい。

・日本は低成長経済が続いたが、現在も世界の経済大国である。そして、社会保障、治安、教育水準など世界に誇り得るシステムを持つ。こうしたものを維持しつつ、これから如何に未来につながる経済、社会を営んでいくかが問われている。

ロ　財政規律の弛緩

これまでも随所で財政赤字、財政再建問題に触れてきたが、本稿で詳述する。

①　赤字財政（国債依存財政）の現状

・わが国は令和6年度末には1100兆円（平成2年度末166兆円）の国債残高を抱える（GDPの2倍）。戦費の殆どを国債で賄った太平洋戦争敗戦時の国債残高水準を超えている（巨額の戦時国債残高は戦後に生じた激しいインフレで国民貯蓄と共に大きく減価し、価値を消滅した）。年々の歳出の3割以上を国債に頼り、コロナ対策補正累計約100兆円も殆ど国債で賄った結果である。

過って、平成2年度に赤字国債依存脱却、5年度まで赤字国債0の財政であったことを考えると財政規律の崩壊を実感できよう。
・令和６年度予算は歳出規模１１２・５兆円（平成２年度予算66兆円）、その内訳は、社会保障費37・７（同上　12）、国債償還利払費27（同上　14）、地方交付税交付金17・７兆円が大きな支出項目であり、少子高齢化の進展に伴う社会保障費、国債残高累増に伴う国債費が毎年増加している。これからも、高齢人口増加で社会保障費、国債残高を減らさなければ国債費は増加する。また、防衛費（７・９兆円）が公共事業費（６・０兆円）、文教科学振興費（５・４兆円）を大きく超え、令和９年度には８・９兆円までになる。歳入は税収69・６、国債発行35・４（うち赤字国債28・８）兆円となっている。

②　財政再建のこれまで

・昭和50年度に赤字国債（財政法４条による建設国債（公共事業財源）ではなく、特別立法により発行可能となる国債）を初めて発行、50年代前半は毎年度発行額が増え残高累増、国債利払は激増した（当時の金利は年数％と高かった）。このため、財政再建の必要が広く認識され、50年代後半、政府は赤字国債発行０予算を目指し、連年、歳出圧縮に努めている。バブル経済による税収増加もあって、平成２年度予算で赤字国債新規発行０実現、５年度まで赤字国債０の財政であった。
・６年度以降、再び赤字国債依存財政となったが、９年11月　財政構造改善推進特別措置法成立（橋本内閣）、15年が赤字国債依存脱却目標とされた。しかし、10、11年と経済はマイナス成長となり、脱却目標は放棄された。

その後、プライマリーバランス（歳出歳入から国債費と国債収入を除いた収支＝国債費以外の歳出は税収で賄う）の黒字化が財政再建目標となり、その達成年度は２０１１（平成23年度）、２０２０、２０２５年度と先延ばしされ現在に至っている。令和６年度（２０２４年度）予算でのプライマリーバランスの赤字は８・３兆円で２０２５年度黒字化は難しい状況にある。

・財政再建目標は赤字国債発行０からプライマリーバランス黒字化に後退、それも達成できずに目標年度は後送りされている。今日、国債依存は常態化し、財政再建に取り組む空気が乏しい状況にある。

・健全財政は国の基本の一つである。これを疎かにし財政破綻すれば、取返しできない事態が生じる。国債利払、国債償還が滞れば国の信用は失われる、国債の新規発行もできなくなる、財政支出は滞る、国家破産、国の独立が問われることになる。

③　財政再建の必要性

・日本ほどの財政赤字、国債残高を抱えている先進国はない。いずれも残高水準は日本より遥かに低い。それは諸国の日本評価のベースの１つとなる。

・国債は将来返済しなければならない国、国民の借金である。現世代のツケを後世代に先送りしていることを意味する。国債残高に匹敵する国民貯蓄あるので問題はないとの主張もあるが、国債残高を国民貯蓄でチャラに出来るわけではない。
・日本の国債は国内消化されているので問題ないとの論者もあるが、極端な金融緩和が続いているからで、それは永続するものではない（昨今、既発国債は金融緩和のため多くを日銀に買い取られた（国債の日銀消化、日銀引受けともいえる））。
・金利が上昇すれば国債利払費は急増（国債１０００兆円余の利払は、金利が１％上昇すれば、やがて、年10兆円余増加）、国家財政を圧迫する（既述のように令和6年度予算ではその兆候が顕在化している）。ＧＤＰの2倍、諸外国にない規模の国債残高は日本の将来に対する大きな懸念材料となる。

金利上昇は保有国債の価格下落、国債保有者に負担となる。

・今日、財政再建の目標としてプライマリーバランス赤字の脱却が掲げられているが、それが実現しても国債の利払、償還費は新たな国債発行で賄うこととなる。即ち、生活費のための新たな借金は止めたが、借金の利払、返済のために新たな借金をしている状況にある。残高が増え、金利が上昇すればその支払のため借金が増える。真の財政再建とは国債残高を減らすことである。少なくとも赤字国債残高（８００兆円）を減らしていかねばならない。
・財政再建の方向に着実に進む必要がある。それは国民の受益と負担のバランスを回復することである。とりわけ、財政の最大を占める社会保障の見直しが必要となる。これから増額するとされる防衛費や少子化対策についても、最終的な財源は国民負担以外にはない。国民負担のない財政支出はない。

多くの国民は負担増や受益減に賛成とは言わないが、心底では、受益だけで済む筈はないと感じていると思う。政治やマスコミには、それを表に引き出すこと、世論、世の流れとすることが求められている。
・財政再建は一挙に実現することは難しい。中長期の見通しを持って、一歩ずつ、着実に進めていかねばならない課題である。財政再建には、政治家、国民の国の財政への認識が基本となる。

ハ　時代の変わり目

21世紀に入り、グローバリズム、テクノロジー革新（IT、バイオ、ゲノム、宇宙など）が進み、経済力、軍事力、各国人口増減も反映、世界情勢は急速に変化しつつあり、これからも進む。

日本は自由民主主義に立脚する世界の経済大国の一つであり、その存在感は大きい。これからも、経済力、外交力、自衛力を強め、財政を健全化し、国民所得増など国勢を保つ、乃至、高めていくことを内外から求められる存在である。

既述の経済成長と財政問題以外の現在ある幾つかの気になる点を述べる。

①　政治

近時の政権は自分の政権の持続が第一目的となっているのではないかと感じる。選挙にマイナスに響くこと、国民に耳障りなことは避け、国民に聞き心地の良いことに傾斜しているのではなかろうか（国民の受益を優先、負担は後送りする）。言葉を変えれば、悪しきポピュリズムに傾斜していると感じる。

政治は中長期的展望を持ち、受益と共に負担や義務があることを国民に語りかけ、国の現在と将来に必要なことを実現していく責務がある。

②　自由、平等、人権、民主主義

自由、平等、人権、民主主義は戦後社会を支える柱とされているが、いずれも権利と共に義務や負担を伴うもの（自国防衛の義務、公的負担、他者への寛容、自己抑制を伴うもの）である。権利の主張だけでは成り立たない。我々はそうした基本を十分に承知する必要があることを感じる。

③　中央省庁の役割

中央省庁はそれぞれ所掌の法令、施策の遂行責任者であるとともに、担当施策についての最高のシンクタンクたる存在である。それだけの人材を集める立場にもある。

議員は選挙で選出される民意の代表であり、立法の責任を持つ。しかし、選挙で当選することが前提となるので様々な事情にも左右される。

政治家とシンクタンクの中央省庁と連携することより良い政策選択が可能となる。政治家が全てに優先するものではない。

④　有事対応

今日、地球の自然環境、世界の政治、経済、軍事情勢は大きく変化しつつ動いている。日本は、終戦後これまで大災害には見舞われたが、それ以外は平和に過ごしてきた。今後の世界は、人為、自然による不測の事態が生起する可能性がより高くなっていると思われる。その認識と備えが必要である。

⑤　人口減少

・21世紀に入り、先進国はいずれも少子化、人口減少の時代を迎えている。日本も人口減少時代に入っている。２０２３年生まれの子供は75・８万人、１８９９年の統計開始以来最少となった（合計特殊出生率１・26）。１９４９年のピーク時には２７０

万人あったが、２０１６年には１００万人を割り込んだ。２０２２年の総人口は自然減80万人で1・25億人（２００８年　１・28億人がピーク）となっている。２０５０年代には1億人、２０７０年には８７００万人と推計される。長寿化により人口構成は高齢化を伴い、社会、経済のあり方に大きな影響を与える。少子化による人口減の流れを変えるには国民の意識を変えることができるかが鍵であろう（第3章4ハ④ⅱ参照）。

・労働力不足対応のため、開発途上国からの定住外国人の増加、移民の受け入れも課題となる。外国人労働力の受け入れは、彼等の子供の教育体制整備、宗教問題、同化しない人々の問題、犯罪問題など解決の容易でない問題、日本社会を不安定化する要因を伴う。受け入れには、それだけの覚悟と準備が必要である。

・21世紀末には世界人口は１００億人程度から横這い、乃至、漸減すると見られている。人類社会の経験したことない世界である。そうした未来も視野に入れておく必要があろう。

（第2部第1章3参照）

第2部

21世紀の展望

20世紀末以降、世界は大きく変化しつつある。時代の変わり目とも言われる。21世紀のこれからの世界はどう展開するであろうか。

・グローバル化、イノベーションにより世界は大きく変わりつつある。それは人間社会に大きな利便をもたらすが、一方、様々な問題も伴う。人間社会のあり方が問われる時代になる。

・人口は、開発途上国を中心に全体としては増加、21世紀後半には100億人程度となり、以降、漸減に転じるとみられている。先進国は既に人口減少に転じている。それに応じて社会はどのように変化するのか。世界のパワーバランスはどう変わるのか。

・近代文明のもたらした地球環境問題が解決を迫られている。

・今、世界の国々は、民主主義体制のグループと独裁型支配体制のグループに分かれ、米中を軸に対立の様相を示している。いずれも、富の不平等、所得格差、それに対する民衆の不満が存在する。程度は様々であろうが、その解決はいずれの体制にとっても重要課題となる。

・昨今、ロシア・ウクライナ戦争、ハマス・イスラエル戦争が起こった。今後の世界情勢にどのような影響を及ぼすのか。これから、どのような戦争が起こるのか。核戦争が起これば人類、地球の自然の盛衰に関わる。

・経済成長、資本主義、市場経済は続くのか、定常社会になるのか。
・哲学、宗教は過ってての輝きを失っているが、それでいいのか、これからどうなるのか。
21世紀は、人類が、乃至、世界の国々がこうした様々な問題に対処し、これからの展望を拓く世紀となる。こうした問題についての世界の流れ、その中での日本の途を考えてみたい。

第１章　21世紀の展開—グローバル化、イノベーション、人口、地球環境問題

1　グローバル化

イ　グローバル化

今日、世界は、情報、マネー、テクノロジー、人、物が国境を越えて移動するグローバル社会で、世界の国々は多角的に結びついて経済、社会を営んでいる。それを可能にしたのは、世界中の国々が経済運営を資本主義プリンシプルによっていること、科学技術の進

歩、普及による。それは世界全体としては豊かさを増す方向に働いた。

グローバル化の結果、その流れに分断が生じれば、様々な不都合が生じる。ロシア・ウクライナ戦争、米中対立は、グローバルの流れが一部閉ざされる不都合、不経済がいかなるものかを示している。

ロ　グローバル化の功罪

・グローバル化すれば、先進国資本は、競争力強化、利潤を求めて生産工場を原材料と労働力の安い地域に移す、あるいは、低労賃の移民を受け入れる。

先進国の途上国への生産工場移転は、先進国の国内産業、労働者の職場、国内需要の停滞や減退につながる。

移民受入れは先進国労働者の職場を代替、労働所得停滞につながる側面も持つ。それは先進諸国の人々の将来への悲観的見方やナショナズム運動にもつながり、政治に影響を与える（移民問題は英国のブレクジットの争点の1つであった）。

・開発途上国では先進国資本の受入れにより経済成長が可能となるが、先進国の経済支配が強まり、主権制約にもつながる。昨今では中国の一帯一路策が問題となっている。

国内では、工場や都市への人口集中・都市化問題、農村過疎化、公害、所得格差、汚職などの問題が生じる面を持つ。

ハ　今後

これからもグローバル化は続く。世界全体がつながり、一国のみで存立できない世界となっている。それは世界全体の豊かさの向上につながる。一方、国と国の間の経済格差、各国内の個人の間の所得格差問題を伴う、億万長者層と最貧困層の存在がクローズアップされる。

戦争はじめ様々な各国間の衝突でサプライチェーンが閉ざされた場合には世界経済の混乱が生じる。ブロック化は世界貿易縮小の途となる。

そうした問題の解決を迫られよう。

2　イノベーション

イノベーションは急速な展開を見せている。とりわけ、ＩＴ、生命科学分野の革新的イノベーションは社会に広範な影響を生じる。

イ　IT革命（information technology）

①　情報社会の到来

i　情報社会の到来

20世紀後半以降、コンピューター技術が革新的な進歩を遂げ、デジタル化により我々の住む世界は大きく変わった。情報社会（デジタル社会）の到来である。

・あらゆる情報（内外の政治、社会、経済、科学、文芸、スポーツ、個人情報など）がコンピューターに入れられ、文字、画像で瞬時に見られるようになった

・特定の者に伝えたい情報、あるいは、多くの人々に知らせたい情報が、瞬時に伝えられるようになった。個人の意見を匿名で世間に流布させることも可能となり（SNSなど）、社会問題も引き起こしている。

・企業、団体や国の持つ膨大な情報、重要な情報も秘匿性を持ってクラウドに保管、利活用されるようになった。

・コンピューターの記憶装置によりペーパレス社会が可能となった。

紙媒体の新聞、書籍は斜陽となり、ジャーナリズムの世論を動かす力は過ってに比べ、衰えつつある。そして、SNSなどによる情報伝達、拡散が大きな力を持つようになった。

・リモートワーク（在宅での仕事）が可能となった。仕事、面談、会議もコンピューター

画面で行うことも可能となり仕事のあり方が大きく変化しつつある。
・コンピューターでの発注、資料作成が普遍化し、物品・サービスの購入、調査などもパソコン、スマホで可能となった。
様々な物の製作、製造もＩＴ技術で可能となった。それは省力化に資するものであり、我々の生活を便利にするものであるが、伝統的な技術を失うことでもある。

ii　アラブの春

・少し古いが、「アラブの春」では、ＳＮＳ（social networking service）が社会変革の起爆剤となった。２０１０年10月17日　チュニジアの露店野菜商が商売を禁止されガソリン自殺した映像がソーシャルメディアで流布、多くの若年層の失業など民衆の不満が累積していたアリー政権（23年間政権）が２０１１年１月４日に倒されたことに始まり、２月11日には30年続いたエジプトのムバラク政権、10月にはリビアのカダフィ政権が、民衆により倒された（カタールのアルジャジーラのニュースネットワーク報道が大きな影響を与えたとされる）。
・世論形成の過程が構造的に変貌した。それだけに権力者がインターネット検閲、遮断の挙にでることも多い。

ⅲ　様々な問題

情報技術の発展普及は様々な問題を惹起している。

・個人情報が特定の大企業や国に集積され（データ独裁者の出現）、プライバシー侵害、国民監視も可能となる。

・偽情報（フェイクニュース）による社会的弊害も大きい。発信者は様々で、個人、企業、国などあらゆる者にダメージを与える。ロシア・ウクライナ戦争や2024年の米国大統領選でもフェイク映像流布が喧伝される。

利益対立する者が相互に仕掛けるものであろうが、西側の自由民主主義諸国は表現の自由のプリンシプルから、取り締まりに慎重である。ジレンマとも言えよう。

・国、企業、個人情報の詐取の問題も多発する。詐取される側には甚大な被害が生じる。

・企業活動混乱、戦争の手段としてのサイバー攻撃（コンピューターに不正アクセス、データ盗、破壊、改竄）の問題もある。ロシア・ウクライナ戦争ではサイバー攻撃と防御が重要な鍵とも言われる。

・IT技術の発達による人間の活動の代替は生活の利便に大いに資するものであるが、先人の知恵、習慣、伝統的技術を失うことにもつながる。更には、人間に備わった様々な身体力、思考力を衰退させることにもつながる。

こうした様々な問題を如何に制御していくかが問われている。

②　金融革命

ＩＴ活用により金融が様相を変えた。

・クレジットカード、電子マネー、デジタル通貨（暗号資産）が生まれ、重要な生活手段となっている。中央銀行デジタル通貨（ＣＢＤＣ）についても議論がなされている。

・金融工学が米国で発達（米国経済学は金融市場に経済法則があるとする）、株、社債、債券債務、商品、為替などに多様な金融商品が登場、膨大な取引が行われている。相場の思惑も膨らむ。これらは、実物生産のない取引であるが、その経済的影響は大きい。

③　ＡＩ革命（artificial intelligence）

ｉ　ＡＩ技術の進展

人工知能（ＡＩ、ロボット）が人間に代わって働く技術が進展、単純労働から知的労働にまで及んでいる。

・過っては人間がＡＩに画像として認識すべきものの特徴を教える機械学習（例えば「猫は耳二つ、ひげ、尾・・あり」など）であったが、今ではディープラーニング（深層学習、全体から細部まで各々の粒度の概念を階層構造として関連させて学習させる方法（人間が自然に行う学習方法））の発達によりＡＩが自動的に認識対象を捉えるようになった。

言語は名詞、動詞、形容詞などの品詞に分けて構文、意味を解釈する。チャットサービス（２０２２年11月リリース）は３０００億語とも言われる大規模言語モデルを学習、ＡＩ自らがコンテンツを生み出す性能を備えている。

・ＡＩは、事務、製造、建設、土木、運輸、流通、医療業務、そして、音声・文章作成、外国語通訳、動画、音楽、更には、創作活動まで広く活用が進んでいる。それは企画された通りの正確なアウトプットを生み出す。

企業や生活におけるＡＩ利活用は、その利便性からこれからも一層進むであろう。２０３０年までには、プロジェクト・マネジメントの８割までＡＩに代替されるとの予測もある。

・ＡＩは命じられたことを正確にこなすので、先進国での人口減少による労働力不足を補う、あるいは、途上国への工場移転を止める効果がある。

一方、一般の人の職を奪い、一般の労働賃金の低下、所得格差拡大にもつながる（ＡＩの進歩に対応できる人は限られ、労働の質のミスマッチを生じ、所得格差、大量失業問題につながる）。

日本では、事務・販売は人手余剰となる一方、介護・運輸の人手不足が深刻化（残業規制の影響もある）、人手不足対応のためＡＩ対応の研究、開発が進められている。

ⅱ　AIは人間社会を支配するのか

・AI開発が進展すれば人間がAIに支配される世界になる、AIは不可逆的テクノロジーでその進歩は人類の破滅を招きかねないとの予測も喧伝される。

人間の知能と意識のうち知能部分を代替するAI（人工知能）が発展、「2045年には人工知能が人類の知能を超える（singularity　技術的特異点）」（レイ・カーツワイル）、「完全な人工知能が開発されれば人類の終焉につながる」（スティーブン・ホーキンス）と言われる。AIの知能の学習が進み、人間の要素を取り込み人間化、視覚や文字情報により感情を持つようになり、人間から自立化、自律化、主体として存在、人間の意に従わなくなる（特定型人工知能から汎用型人工知能へ進化、人間の制御を離れ、突然、人間に敵対的行動をとる）。しかも、生物学的限界を持たない存在である。

・一方、人間は身体を持っていることで認知や思考を深めることができる。五感・皮膚感覚のような体性感覚（AIは「20度は暖かい」とプログラミングされれば「暖かい」反応するが、人間は、「暖かいか、暑いか」は人により、時により感じ方が異なるなど）、内臓感覚を自覚し刺激を意味づける知覚、知覚した情報を解釈、行動に移す認知機能を持ち、また、本能を持つことが人間を特異な存在としているが、AIにはそれがない。人間の創造性、意識、感情（暖かさ・優しさ・理解しあう、勇気・誠実さ・寛大さ、信念、愛情など）もＡＩでは実現できないとする。

・両論あるが、ＡＩは人間が自らのために開発したツールの一つであり、その機能向上、利活用は人間の判断による。ＡＩが如何に優秀な機能を持とうとも人間を支配することはありえまい。

ⅲ　ＡＩの利用規制の必要

ＡＩには、人間による悪用、即ち、利得のみを考えた利用、人間社会のためにならない利用、人間社会に害を及ぼす利用を行う者が生じる危険が存在する。利用の弊害を防ぐため、ＡＩの利用、機能について世界共通の基準、規範を設けるべきであり、その動きは始まっている。ＡＩの活用が人間社会にプラスとなることが原則である。

④　ＩＴ技術

製造、機器の運用、医療、宇宙開発、研究開発、日常生活など今日の我々を取り巻くあらゆる分野にＩＴ技術が取り込まれており、今日の科学文明の土台となっている。

企業経営においてもＩＴ技術を使ったブロックチェーンやＩＯＴが一般化している（ブロックチェーンは、電子的台帳（取引履歴を暗号技術によって過去から1本の鎖のようにつなげる形で記録する仕組み）で、多方面に実用化されている。ＩＯＴは、ＡＩやあらゆるものがネットでつながる仕組みで、工場稼働、都市生活、人の健康、小売活動などに活用されている)。

半導体はその基礎をなすものであり世界中が必要とする。わが国も遅れを取らない生産流通体制整備が必要である。

ロ　BT革命（bio technology　バイオとテクノロジーを結び付けた造語）

①　BT革命

・生命科学の進歩、遺伝子解明が進み、遺伝子改良技術（ゲノム・テクノロジー）が医療分野や農業分野で品質、量、機能性改良に活用され、これからも進歩を続ける。

・医療分野では、病気治療に新たな進展をもたらした。ゲノム編集で難病治療、IPS細胞応用による臓器・組織の作製・再生、ワクチン、遺伝子診断などに活用される。人の能力拡張（筋肉増強など）も可能となった。

一方、遺伝子情報による妊娠中絶については倫理問題が指摘されている。

・農業分野では、発酵、食糧生産、植物工場などに活用される。遺伝子改良植物が市販され、クローン動物まで作れるようになっている。

バイオ燃料などエネルギー分野、分解など環境分野にも活用されている。

②　倫理問題

・大きな問題は人の受精卵のゲノム編集であろう。遺伝子に手を加えることで思い通りの子供（デザインベビー）をつくることが可能となった。優秀、秀麗、身体強健な子、現在の一般人類に比べ優れた能力を持つ子をつくることができる。クローン人間（ある人の双子の人間を創る）をつくることも可能であろう。

しかし、人類の一部にでも、そのような者が存在することの影響は測り知れないものがある。果たして人間に幸せをもたらすであろうか。

・遺伝子操作は人類に多大な利便をもたらすものであるが、遺伝子操作による様々な生物の改造乃至創造は、人間による自然の改変に他ならない。人類は地球の自然から生まれた存在である。こうしたことが進むことは、自然との関係において適切なことなのか、人類にとってどこまで進むべきなのか。将来にわたる様々な影響を考えなければならない問題である。

ハ　様々な新技術

今日、既述のものを含め様々な新たな技術の展開、融合が進んでいる。以下のような例が挙げられよう。

・ナノテクノロジー　物質を原子、分子のスケールで自在に操作する技術。
・3Dプリント　ファション、医療用などのプロダクトデザインとカスタマイズに役立つ。自由にデザイン、少量生産可能。
・水素の発電、燃料利用　二酸化炭素排出せず、水になる（温暖化防止）。
・量子コンピューター　量子力学的現象（0と1ではなく、複数の量子（電子、中性子、陽子など粒子と波の性質を併せ持つ）ビット（重ね合わせ状態）を用いて、スパコンを遥かに上回る高速計算を可能にする。開発途上にあり高コストであるが、完成されれば、現在使われている暗号システムの多くは役立たなくなるとされる。日本では、理研、富士通が手掛けている。
・核融合発電開発　水素やヘリューム（軽い原子）による核融合反応を利用、エネルギーを発生させる（核融合炉使用）。実用化が近いとされる。
・光ファイバーや光電子などの光技術、光電融合（電子によるデータ処理と光の伝達を融合）開発。
・温暖化防止のための脱炭素技術（グリーン化）技術の開発。
・宇宙（含　地球）誕生・生成の解明、宇宙インターネット・宇宙ビッグデータ・惑星探査・宇宙旅行など宇宙開発。

・ニューロ・テクノロジー　人の脳について多様なアプローチで、神経疾患、脳疾患の症状、身体の障害の改善、人間の能力を高めることを目指す技術。

二　テクノロジーイノベーションの問題とテクノロジー社会の未来

人類から進歩、発展したいという本能が消えない限り、昨今のテクノロジーの進化は止まらない勢いがある。

テクノロジー進化に限界、次元の限界のようなものはあるかは不明であるが、そこに至るまで突き進んでいくのではなかろうか。

①　イノベーションのメリット、デメリットの制御

i　メリット

・イノベーションは新たな市場を生みだし、経済成長の原動力になる。人間の前進、進歩本能にフィットする。利得は起業動機となる。

・イノベーション、イノベーション同士の融合（convergence）は、さらに、急速なイノベーションの発展を可能にする。

・イノベーションは人間社会を豊かにし、利便を提供する。

ii　デメリット

・人間は生物学的には何も変わっていない（脳容積も変わっていない）が、イノベーションは人間の本来有する能力を使わなくなくし退化させる方向にも働いている。人々の寒暖に耐える力、視力、聴力、歩く力、跳躍力、物を持ち運びする力などは過っての時代に比べれば衰えている。ＩＴの発展で、知力の面でも漢字を書く力、調べる力などは減退している。ＡＩの進展は自分の頭で考える力を妨げる。

・ＩＴの発展で集積された情報の独占・利用の問題、フェイク、情報詐取、サイバー攻撃の問題も生じている。

・ＡＩの利用分野の拡大による社会問題、バイオテクノロジーによる生物改造、更には人間改造も様々な問題がある。

・技術を少数者が独占、経済的不公平も生じる。

iii　デメリットの制御

・ＡＩ、ゲノム編集などイノベーションが更に進めば、人類社会に大きな影響を与える。個人、企業、国が、発展の欲望、各々の利益のためにイノベーションを無秩序に進めれば、人類社会への問題も生じ得る。

こうした事態を防ぐには、予防原則（科学的因果関係の証明が不十分でも安全策を講じる）と倫理的観点（人として守るべきこと、善悪、正邪の普遍的基準）に基づく自覚、そして、規制が必要である。

研究者、事業者の自主規制・自主管理、国、国際機関による倫理指針（ガイドライン）、更に、法規制が必要である。それを可能にするのは多くの人々の意見が世の中を動かすこと（民主主義の力）である（過ってはタブー、宗教的制約が防波堤となった）。

・AIに人間の労働が代替され、人の労働の質も変化、不要となる職業、失業者が多数生じる。そうした事態の対処するためユニバーサル・ベーシック・インカム（AIをコントロールする富裕者や企業に課税、国境を越えて全ての失業者の救済にあてる）の提唱もあるが、課税の同意が得られるか、配分のニーズの多様性に応えられるかなど実現には問題も多い。

iv　基本認識

基本は、人間は地球の自然が生み出したものであるという原点を見失わないことである。「人間は自然物（地球の自然が生み出したもの、自然界の存在の一つ）である」ことを忘れてはならないことである。自然物である人間を人工物化すれば取返しのつかない事態が起こりうる。

②　テクノロジー社会の未来

・テクノロジー（技術）と社会の関係は、技術が社会のあり方を決定乃至変える、社会が技術のあり方を決める、いずれの側面もあるが、技術と社会が相互関連、技術は用いられる社会の中で最適化する、あるいは、様々な問題を起こすということであろう。

・テクノロジーの未来予測、未来の社会の予測は難しい。

シミュレーション（科学的実証性に基づいて未来を予測）手法はあるが、法則性を持たないで生じる出来事は予測できない。

人間の価値観は日々変化する最たるものであり、その現れである未来の社会は想像する他はない（戸谷洋志）。

3　人口問題

①　世界の人口動向

・世界人口は現在80億人、これからも、アフリカ、インドなどで人口増加が続き今世紀末頃には１００億人程度に達するが、そこで、頭打ちとなり、以降、漸減傾向になると予測されている。

地上の生物の個体数の増加は大増殖期を過ぎると減少に向かい、環境にうまく適合できれば高止まりするが、できなければ絶滅への途を辿るとされる。人類の将来はどうなるであろうか。

②　人口減による社会の変化

・アフリカ諸国、インドなどは、これから人口が増えようが、先進諸国では既に人口減少に転じている。中国も減少に転じる。

人口減少の因は、経済が豊かになり、教育が普及（識字率は2030年には世界で100％近くになるとの推計もある）、晩婚化、出産の先延ばし、女性の就業で仕事と家庭の両立の困難、未婚者の増加などでの出生率減少（少子化）による。一方、経済が豊かになったことで長寿化が進み、人口構成は高齢化、地域密着人口のウエイトが増加する。

・人口減により社会のあり方、様相は変わる。

i　少子高齢化による人口減少は、労働力減少、消費減少など経済成長にマイナスに働く。労働力を補うため、日本では、女性の就労増加、65、70歳を超えた人々の就労が増加している。定年を平均余命に連動させることも生じよう。人々の働き方もメンバーシップ型（終身雇用制など）からジョブ型（人材の流動性型）への移行、リモートワーク、短時間労働も増加する。

ii　社会保障の仕組み、老人介護の在り方、地域社会や家族の在り方、税・社会保険料負担など社会の変化を伴う。

iii　少子化、人生80~90年となれば人生設計、暮らし方も変わる。高齢者の延命拒否、尊厳死（安楽死）への要求（文化の変化ともいえる）も強まろう。

・顕在化する少子高齢化に伴う課題に如何に対していくか、社会全体の問題であり、我々、一人一人にとっても重要な問題となる。人類という種全体の将来にかかわる問題でもある。

4　気候変動など地球環境問題

イ　地球環境問題

産業発展、豊かな経済の実現、人口爆発は、大量生産、大量消費、大量廃棄の人間社会を招き、地球自然に大きな負荷を与えた。石油と電気の世紀と呼ばれる20世紀の文明のもたらしたものである。

気候変動（温暖化）、生物種の減少、廃プラスティックなどによる海洋汚染、森林破壊、砂漠化、土壌・水中の肥料窒素の過剰累積などの地球環境問題が世界で広く認識されている。いずれも、今日の、そして、将来の、人々のその地での生活に、多大な影響を与えるものである。

文明社会が続くためには解決が必要であり、世界規模での取組みがなされている。そのうちの気候変動問題について詳述する。

ロ　気候変動問題

①　気候変動問題

i　気候変動問題

・化石燃料の大量消費による気候変動は人類の生活に甚大な影響を与える。温暖化、極端な気候（旱魃、大雨など）の増加、真水の不足、海面上昇、二酸化炭素の海水への累積による酸性度上昇などが生じ、かつ、結果が生じるまでタイムラグがあり、影響は永く続く。環境難民も生じる。

温暖化による海面上昇は、日本でいえば縄文海進時代（遺跡すぐまで海であった青森三内丸山遺跡、内陸まで入り込んだ東京湾）をイメージすると理解できよう。

・温暖化阻止のため「CO_2の排出と吸収ネットゼロの2050年実現」が世界の共通目標とされている。なかでも、米、西欧、中国、ロシア、日本などの排出大国の目標実現が必要である。

温暖化阻止には「エネルギー源の化石燃料から再生可能エネルギーへの転換」へ世界が一致協力した行動をとる必要があるが、社会の大きな変革につながること、工業化を進める開発途上国もあり、一挙には進まない。人類にとって一つの試金石と認識されている。日本は、化石燃料資源は国内には極めて少なく、ほとんど全てを輸入に依存しており、再生可能エネルギーへの転換はエネルギー安全保障の視点からも望ましい。

ii　産油国の問題

・化石燃料の世界1の生産国は米国である（シェール層開発技術（地下の水平掘削技術）の開発による増産は大きい）。化石燃料依存の低下は、中東、イラン、ベネズェラ、ロシア、ナイジェリアなどの産油国に経済的、社会的に深刻な影響を与える。これら諸国はそれを見据えた展開を図る必要が生じている。

iii　原子力発電について

化石エネルギーを全て太陽光、風力など自然エネルギーで代替することは難しい地域もあるし、転換に時間も要する。

原子力発電は有力な発電装置であるが、事故への懸念、核燃料の核爆弾への転用の懸念があり、使用済み核燃料の保管場所問題も解決されていない（小型化原子炉（Small Modular Reactor　原子炉冷却ポンプ不要）の開発は進んでいる）。懸念が大きいが、一方、化石燃料発電継続による地球環境への負荷問題もあり、原子力発電に頼らざるを得ない現実もある。

iv　二酸化炭素削減策

大気中の二酸化炭素を減らすため、太陽光反射管理、海洋鉄散布案もある。

i　太陽光管理とは、エアロゾルと呼ばれる太陽光を反射する微粒子を成層圏に散布、地表に届く太陽光をコントロールする。

ii　海洋鉄散布とは、海に存在する植物プランクトンが、海中の鉄元素不足で十分に生育しない海域に大量の鉄を散布、植物プランクトンを人為的に増殖させ光合成を促進、二酸化炭素を吸収させる。

いずれも、実施した場合の影響、安全性、メンテナンスは可能か、止めると温暖化が再来するなどの問題があり、実験も難しく、実行困難であろう。

②　異なる見解

気候変動問題については次のような見解もある（杉山大志）。

ＣＯ２濃度が増え、平均気温が長年にわたり上昇していることは事実であるが、日本の20世紀後半以降の気象データをみると、台風の頻発化、激甚化は起きてないし、超低気圧のスーパー台風は来なくなっている。豪雨も激甚化していない。温暖化現象に関する報道は誤情報である。

ＩＰＣＣ（気候変動に関する政府間パネル）の気候変動モデルによる温暖化予測につい

ても、雲の寄与度（パラメーター）が過大評価されている（モデルから漏れているファクターも多いとの指摘もある）。

米国共和党は気候変動説を信用していないとみる。

③　地球の寒暖サイクル

地球の寒暖サイクルは、この１００万年程は10万年程度のサイクル（９万年程度の寒冷期と１万年程度の間氷期（温暖期））を繰り返している。凡そ20万年前に出現した人類は、１万年余前の温暖期到来で農業を始め、産業革命を経て今日の繁栄を築いたが、寒暖サイクルからすると温暖期から寒冷期へ移行する時期はそう遠くはないと考えられる（１００年、１０００年程度の振れはある）。

気候変動問題は影響が急速で、解決を急がねばならない問題であるが、寒冷期が、将来、訪れることは認識しておく必要がある。それがどのような規模のものかは不明であるが、人類の生存を脅かす程のものかもしれない。

第２章　21世紀の世界情勢─民主主義体制と独裁体制の２極化、国家と戦争、今後の世界情勢

1　民主主義体制と独裁体制の２極化

イ　２極化

20世紀後半には米国を中心とする資本主義・自由民主主義国グループとソ連を中心とする社会共産主義グループの東西対立（米ソ対立）が存在した。20世紀末にソ連が崩壊、21世紀の今日、米中対立の時代となっている。米中それぞれのグループ諸国は、政治体制が民主主義型か、独裁型かで観ると理解しやすい。

・日・米・加・豪・欧州などの諸国は、自由・人権・民主主義政治体制の国、資本主義国家である。政治指導者は選挙で選出され、任期を務め退く。国家運営は三権分立で行われる。政治の基本は選挙であり、公正な選挙（制度と実行において）が求められる（２０２１年、自由民主主義国とされる国は世界で34か国とみられている）。

・中・露・北朝鮮などの諸国は、個人乃至特定政党、特定集団独裁の政治体制の独裁政権

の国であり、独裁が優先、三権分立とは言えない国である。独裁であるので政治決定は民主主義に比べ速い。政治指導者を選ぶ選挙のない国、選挙制度はあっても独裁政治となっている国である。それぞれの地域、歴史、民族性に由来する（世界人口の約7割（54億人）が独裁政権国とされる）。独裁国では独裁権力維持が最優先課題となる。独裁者は固定化傾向を持つ。政権維持のための治安維持が優先され、そして、腐敗しやすい。しかし、これらの国も経済は資本主義のプリンシプルで運営されている。利潤を生むための国内外への投資、世界貿易への参加が通常である。

ロ　共通する問題

・両者とも、富の配分の不平等、所得格差の存在と拡大、再生産の問題を抱える。事業の成功者、権力者に富が集中、所得格差が拡大、再生産され、一般民衆の不満の因となる。その対応が、いずれの国の政権安定にとっても重要課題であり、所得の再分配政策が必要である（社会保障政策、相続税など）。実現には、多くの人々の賛同、圧力、世論の流れが必要である。

・人々が暮らしていける生活であること、個人の経済面、政治面で成功へのチャンスが存在、社会に流動性があり、将来に希望を持てる生活であること、厚い中間層の存在、ドロップアウトした人々にセーフティーネットの存在が国（政権、政治体制）の安定、発展に重要である。その成否が政治体制の命運を決めることになる。

2　国家と戦争

イ　国家（ネーション）

i　国家とは

・人類は文明発祥、国の誕生以来、大小多くの戦が生まれ、国々は盛衰を繰り返してきた。20世紀には、第1次世界大戦で、露、独、墺、オスマン・トルコ帝国が滅亡、新しい国家が生まれた。第2次世界大戦では、大日本帝国、独ヒットラー帝国、伊ムッソリーニ政権が倒れた。戦後、植民地独立などにより、多くの新しい国が生まれている。

現在、世界の国の数は196、国連加盟国は193にのぼる。国連は現在の加盟国の存在を国際秩序とすることを基盤としている。ロシアのウクライナ侵攻は国際秩序を乱すものとして多くの国の批判、反発を呼んだことは記憶に新しい。

・各国は、それぞれ、これまでの歴史、独立の経緯を踏まえ、国境が決まり、国家を営んでいる。国境が民族居住地と一致しないもの、また、過って領土であったものが他国に属した不満、クルド人のように国を持てない民族もあり、国境紛争、新たな国家形成の動きは尽きない。
・国家は、構成する国民（単一民族とは限らない）、領土、国境を持ち、独立した政治、経済社会を営むものとして存在する。

ⅱ　国家の営み

・国家は、領土、国民の生命、安全、自由、幸福、財産を守る義務がある。国と国民の社会契約ともいうべきものであろう（中国のように国家の力の向上を中心に置く国もあるが）。
国、政府の義務は拡大している。国民の期待を裏切る政府は国民に倒される。また、国の維持、発展にはナショナルアイデンテティーの存在が重要である。
・今日、どの大国も世界の絶対的支配国ではありえない。どの国も、安全保障、経済、社会問題について、2国間、多国間、地域協定、世界協定を締結、独立と平和を守っている。
・古代から数千年にわたり王制国家が続いた。それは人間という生物の自然の傾向とも言われる。政治権力は王、王の家族、それと相互利益関係を持つ人々のネットワークの上に成立、王への政治的忠誠に対し見返りが与えられる関係にあった。王制崩壊後に築かれた近代民主国家は法の支配に基づいており、官僚、政治家は試験や選挙により選ばれ、その権力行使は法の下にあり、特定の利益とは結びつかないシステム、建前となっている。独裁専制国家では法は権力者の支配に便利に定められ、運用される。独裁専制政治体制は王制に近い。

・国の政治体制が民主主義政治体制へ向かうのか、過っての王制に近い独裁専制政治体制に向かうのか。基本的にはその国の国民の選択（武力革命もある）による。必ずしも民主主義体制が普遍的な存在とは言えない。

ロ　世界連邦の可能性

①　世界連邦の可能性

世界は多数の国から成り立っており、世界情勢は国家、国益如何で動く。それが様々な紛争、戦争を生起させている。そうした国と国の間の様々な利害や世界規模の問題を解決、世界平和を実現するため世界連邦を創る理想はかねてから存在する。

世界連邦を創ることとは、独立国として存在する国民国家（ネーション）の存在、国家意思、国家主権を制約する、国を超える権力を創出するということである。その現実に直面した時、世界の国々が賛同するかは疑問である。

世界平和という連邦の理念実現のため連邦をどう運営するのか、運営組織構築、指導者選出は難しい問題である。世界中が認めるリーダー、組織があり得るのか、継続できるのか。

仮に世界連邦ができてもそれが有効に機能するかも疑問である。

世界連邦については多くの国の賛同を得ることは難しいと思う。

②　国連改組

・第2次大戦後に過っての国際連盟運営（米国不参加）の反省に立って国際連合が設立され、今日、世界中の国が参加している。国連は、過っては米ソ、今日では米中ソが同意できることであれば、それなりに機能するが、ロシア・ウクライナ戦争、ハマス・イスラエル戦争、北朝鮮の核開発問題のように、米中ソの対立する問題の解決には機能しておらず、加盟国は多大な不満を抱いている。

・国連には、各国間の戦争・紛争の抑止、人権・貧困・健康・不平等の是正、地球環境問題解決、社会問題を引き起こすイノベーションの規制などへの機能発揮が求められる。

そのためには、世界諸国（とりわけ米中）の大局観に立つ協力と国連の改組が必要である。安保理の5大国の拒否権解消、単純多数決でない公正な意志決定方法の採用、決定を実現するための強制力、軍事力（国連軍創設）が必要であるが、実現は難問である

ハ　戦争

「戦争が国家を作り、国家が戦争を作る」、「正当な戦争とは勝者の論理による」とされ

る。これまでの人類の歴史は、メソポタミアや黄河古代文明以来、覇権を巡り、他国征服を目指し、人間は戦争を繰り返してきた。20世紀には第1次、第2次世界大戦、21世紀になってからも、アフガン戦争、イラク戦争、今、ロシア・ウクライナ戦争、ハマス・イスラエル戦争が戦われている。

そして、戦争の結果は勝者が残り、勝者が正統者となることを繰り返してきた。今、戦われている2つの戦争について考えてみたい。

①　ロシア・ウクライナ戦争

2022年2月24日　ロシアがウクライナに侵攻、両国の戦争が始まった。24年現在、終息の見通しはたっていない。

i　プーチンの主張

プーチン大統領は、ウクライナ侵攻に際し、「ウクライナは私達の歴史的領土だ。そこに反ロシア（ナチと表現）の国がつくられようとしている。ウクライナがNATOに入ることでロシアの安全が脅かされるため侵攻した」とロシア国民に述べている。プーチンは、過っての大ロシアを意識するとともに、ウクライナを自国の安全保障のための利益線、主権線と捉えている。

ii　ウクライナの実情

ウクライナはソ連崩壊に伴い1991年に独立した。生い立ちの異なる地域からなる多民族国家で、東部はロシア語が主流でロシア圏と通商、西部はウクライナ語主流でポーランド、ドイツとつながる。宗教も東部はロシア正教会（ギリシア正教）、西部はカソリックと異なる。ロシアに好意的か、否定的かの国民意識はほぼ拮抗する。また、ウクライナ人の凡そ半分はロシアに親戚を持つ。

ウクライナ現政権の西側接近、NATO加盟への動きがロシア侵攻のきっかけとなったが、プーチンには過ねてからウクライナを自国陣営に置きたいとの意欲があった。

iii　プーチンの誤算

プーチンは3日でゼレンスキー政権を倒し、親露傀儡政権を樹立できるとみてウクライナに侵攻した。既にクリミア占領、ウクライナ東部を占拠し、戦闘前から情報戦、サイバー攻撃などが行われていた。ウクライナは、こうしたロシアの行動からナショナルアイデンテティーを強め、体制も整えていた。

ロシアの侵攻に対しゼレンスキー大統領は首都で指揮、国民は抗戦、戦は長期化することになった。

ⅳ　ロシア侵攻への国際世論の動き

・ロシアの侵攻は国際秩序を破るものとして世界の多くの国が非難（特にブチャでのロシア兵による多数の民間人虐殺）、ＮＡＴＯはウクライナを軍事経済支援、多くの国がロシアへの経済制裁に動くなど、総じてウクライナに共感と支援が集まった。米、ポーランド、独などＮＡＴＯ諸国は参戦はしないが、弾薬、ミサイル、戦車、無人機、軍用飛行機など多くの兵器と技術をウクライナに供与、支援、継戦を可能とした（ロシアを倒す程の兵器供与はしていない、また、兵器供与の現実化の遅れが問題とされている）。

・戦は長期化、消耗戦となり、双方多数の戦死者、戦傷者が出ている。ウクライナの２０２３年の反転侵攻はロシア、ウクライナ双方に大きな損害を生じたが、戦況をウクライナ優勢に大きく変えるほどの戦果なく終わった。西側諸国には支援長期化に対する問題生じており、特に米国ではバイデン大統領の積極支援に対し、共和党が反対、今後の支援に問題が生じている。今年の大統領選勝利を目指すトランプの「支援中止、戦争終結」の動きも報道される。

ⅴ　戦争の帰趨

・ウクライナ国内でも、汚職・横領・徴兵逃れなどの問題が続発、人口国外流失、ゼレンスキー大統領に対する批判もあるとも言われるが、国民の祖国防衛への意思は、なお、固い。

・ロシアは人口1・4億人、軍事力、経済力、資源があり、西側の経済制裁も不参加の国も多く、効いていない。独に供給していたガスパイプラインを止めたことで生じたガス需要減は、中国、インド、トルコなどが輸入拡大、埋めている。消耗戦となればロシアが有利な立場にある。プーチンの侵略戦争意思は固い。多くの戦没者出ていることから、今後、ロシア国民が停戦を望むことはありえよう。ロシア国民の意識の行方による。

・長期消耗戦となり、国力の差ではウクライナは不利な状況にある。ロシアの占領地域はロシア語圏でロシア系住民が多く、現在ではほとんどのウクライナ系住民は去っており、ロシア編入への住民反抗は弱いともされる。

双方の戦争への意思は固く、いかなる形で終戦を迎えるかは見通せない状況にある。

・この戦争によりロシアの国力は消耗しよう。これまではプーチン大統領の独裁力でロシアの国勢、国内平穏を維持してきたが、弊害、不満も顕在化しており、独裁力で抑え込むこともいつまでもは続くまい。プーチン後のロシアが国際協調に動くことを期待したい。

②　ハマス・イスラエル戦争

・2023年10月7日　イスラエルのガザ地区のハマス（イランが支援）が、突如、ロケット弾攻撃、地区境界のフェンスを破りイスラエル領内に入り、千人余の人々を殺害、2百人余の人々を拉致、人質とした。イスラエル政権は事前に動きを把握できず、国内世論の批判を浴びたが、ガザ地区ハマス壊滅のため、ハマスの根城であるガザ地区の地下トンネル、地下施設を空爆、地上戦車部隊が侵攻。多くのパレスチナ住民が犠牲となり、死者は現在で3万人を超えたと報じられている。イスラエルの爆撃による多数の子供を含む民間人死傷は国際世論の批判を呼び、停戦、人質解放の動きとなっている。

進んでいたイスラエルとサウジとの交渉は頓挫、レバノンのヒズボラ（イラン、シリアが支援）がイスラエル攻撃、その動向も注目される。

・イスラエルはその建国からエジプト、シリア、ヨルダンなどと4次にわたる中東戦争を戦い、独立を守ってきた歴史がある。国内にヨルダン川西岸（イスラエルが撤退せず問題となっている）とガザ地区の2か所にパレスチナ人居住区がある。ガザ地区については、エジプトと共に２００７年以来封鎖を続けており、今回の戦争となった。何れ停戦となろうが、イスラエルにとっては、戦後のガザ地区の管理・パレスチナ住民との関係処理、アラブ諸国との関係安定化（中東和平）が課題となる。また、イランの動静も地域紛争の因、課題である。

③　世界戦争

i　戦争へのスタンス

・ロシア・ウクライナ戦争勃発に続き、ハマスとイスラエルの戦争がガザ地区で起こった。

長年の懸念である米中対立の台湾問題もある。

国境問題、民族問題戦争（国と国の戦、内乱）の種は世界各地に存在する。世界に戦争の種は多くあるが、米中対立を軸とした世界大戦、核戦争となることは絶対に避けなければならない。
・戦争に正義はない。勝者が正義となる。戦争を経て国が存続していくためにどの国も勝者の側に立たねばならない宿命にある（わが国は、第２次世界大戦で敗者の悲惨（３００万余の戦没者、海外領土・資産の全喪失、連合軍による占領と国の体制変更、戦犯処刑、戦後賠償など）を経験したことで身に染みている）。それだけに世界大戦は恐ろしい。

ii　第3次世界大戦は避けねばならない

第３次世界大戦が起これば核戦争となる可能性があり、その影響は測り知れない。
・核兵器（原爆）は第２次世界大戦末に米国で開発された。１９４５年７月　実験成功、時の米国トルーマン大統領は、「ソ連の参戦なしに日本を降伏させることができる、ソ連との覇権争に役立つ兵器の獲得」を喜び、８月には、広島（直接死亡者８・６万人）、長崎（同２・６万人）に投下、８月15日に大日本帝国は降伏した歴史がある。
大戦後、米ソ、次いで、米中の核兵器保有競争が生じた。英・仏・印・パキスタンなど保有国は増え、核戦争が起れば地球全体に破滅的損害を与えうる大量核兵器が保有されるに至っている。日本のように核兵器を保有しない国は、米国の核に傘の下に入ることなどにより核攻撃から国の安全を守る対応をとっている。

核戦争はそれを避けようとする意思があっても、偶発的な国家間の衝突、事故、テロリストの核使用によることもあり得るだけに恐ろしい。

・核兵器による戦争は、一瞬で数億人の死者や多くの被爆被害者を出すだけではなく、核爆発から生じるダストが数週間にわたり太陽光を遮り、世界中の気温低下、光合成阻害、世界的不作、飢餓、病を招く遅発性の影響もあろう。

そうした核戦争により生じる事態については核保有国も十分に承知していよう。核の戦争での使用を避けるのが常識的な行動である。しかし、戦争は勝つために手段を選ばない危険が付きまとう。被害が小規模な小型核爆兵器の開発も行われている。

人類の未来のためにも「戦争を避ける」ことが最大の防御である。それは平和のための様々な交渉、努力がいかに大切かを示している。

3　主要国の今後

イ　主要各国の動静

・今日、米中対立の世界となっている。20世紀末のソ連崩壊で東西対立が終り、米国の1

強世界となったが、2010年代に入り中国の経済力、軍事力が躍進した結果である。2022年2月　ロシアはウクライナへ侵攻、中国との関係を深めようとしている。これからも米中2大国を軸に世界は動いていくと考えられるが、インド、アフリカ諸国のパワーが強まることは間違いない。

・経済力では、先進諸国を中国・インドなどが追い上げ、今世紀後半にはアフリカ諸国が人口大国として浮上すると見込まれる。

GDPの世界に占めるウエイトで見ると、G7は、2020年　42・3%（米　21・4、日　5・4%）、2040年　38・7%（米　22・0、日　3・8%）、2060年　46・7%（米　28・1、日　3・5%）に対し、BRICSは、2020年　24・8%（中　16・5、印　2・9%）、2040年　35・4%（中　24・3、印　6・4%）、2060年　44・5%（中　27・1、印12・6%）と、中国、インドを中心にその存在力がほぼ倍増するとの見通しもある。GDPは、2040年では中国が米国を上回り世界1となるが、2060年では米国が返り咲く（世銀、IMF、日本経済研究センター資料）。

・BRICSはグループ国を増やす動きもある。

① 中国

・中国は強大な経済力、軍事力、人口も持つ国に成長、一帯一路政策によるアジア、アフリカ諸国への影響力強化、南アジア海での専横、経済・軍事での米中対立など米国に対抗する大国となっている。

・米中対立、国内賃金上昇、共産党強権支配（とりわけ習近平独裁）による様々な問題、贈収賄の弊害などから、現時点では中国は外国資本にとっての投資の魅力は弱まっているが、諸国にとって巨大市場の基本的魅力はある。

・国内では、所得格差、地域格差の拡大、人口の都市集中による問題、空気・水の汚染など様々な課題を抱えている。人口減少、高齢化する社会への備えも不十分と言われる。国勢の展望は明るいとは言えないが、今の処、党・国家・軍の三位一体体制は揺らいでいない。

・２０１３年　習近平政権は発足以来、独裁力を強化してきた。昨今では、２０２０年以降、不動産、ＩＴ業界などの自国企業に対し規制強化、２０２３年7月、反スパイ法（反スパイ工作（米英を念頭に）強化、スパイ行為防止、処罰強化（死刑もあり））、中国対外関係法（対外工作を共産党が集中的、統一的指導堅持）施行。

２０２２、２０２３年以降は習主席完全独裁確立、チェック機能が働かなくなっているとみられ、様々なリスクが高まる懸念がある。習時代はその体力の続く限り続き、また、共産党政権が覆ることはないように見える。

・現時点では、若年失業者、不動産バブル崩壊、コロナ後遺症などで経済不況が続き、その脱出に苦労している。

・現在、中国は米国に政治・軍事面で挑発的敵対行動をとっているが、米中ともに基本スタンスは政経分離にある。現在は経済不況で将来も必ずしも明るくなく、米中戦争（台湾攻略）は中国の利益にならず、常識的に考えれば起こらないであろう。しかし、3期目に入った習近平は台湾統一に執着と伝えられる。中国国内法改正、台湾を中国国内として中国法制を適用、台湾封鎖に踏み切る可能性も指摘される。中国の台湾侵攻の成否は米国が台湾を守ろうとする決意如何にかかっている。

・中国の人口も減少時代に入る。その減少速度は速く、国勢も陰る。習時代の後、どうなるか、共産党独裁が継続できるのか、それに代わる統治体制、連邦制のようなものができるのか、見通すことは難しい。20～30年先には政権担当者は毛沢東思想を離れ、変化することもあり得るともされるが、広大な国土、人口の国の統治を維持するには、歴史的にみても専制的政治体制が必要なのかもしれない。

②　米国

・米国の経済力、軍事力の強さは絶対から相対的ものに変化はしているが、依然として、世界最大の強国であり、リーダー国である。

技術革新力、経済成長力もあり、人口も２１００年　３・９（２０２２年　３・３）億人と見込まれる。経済力、軍事力は依然として世界最強を維持するであろう。

・懸念されるのは米国内の2極化、分断の顕在化、激化である。

共和党トランプ大統領は、2期目大統領選落選、再出馬しているが。トランプ大統領出現以来、その行動が米国分断を顕在化、激化させている。トランプは「Make America Great Again」を標榜、白人労働者層を基盤に多くの支持を集めている。一方、大統領選落選を巡る連邦議会への民衆乱入、脱税問題など様々な問題で訴追を受けており、その帰趨は大統領選に影響する。

民主、共和両党には妊娠中絶、ウクライナ支援などいくつもの対立点はある。白人数の相対的減少（２０４５年以降には5割を割るとの推計もある）、人種差別、格差問題などによる国内分断の要素も抱えている。トランプの行き過ぎた分断煽り行動の行方、分断激化が米国の国勢、政治、国際情勢に与える影響が懸念される。

ＭＺ世代の人々は、自分の足元が大切、反戦平和、世界の大国としての米国の軍事介入には消極的ともされる。民主党系の若者の中にはハマス・イスラエル戦争でイスラエルのガザ攻撃を非難する動きもある（米国人の大勢はイスラエル支持）。そうした流れの行方も注目される。

・世界にとっても、日本にとっても、「米国が世界のリーダーである意思を持ち続けるか」は重要である。米国がそれを放棄すれば世界の混乱を収束する力が大きく損なわれる。

③　インド

インドは既に人口大国であり、まだ、人口増加が続く。経済も成長が続く。世界での存在感を高め、既に、グローバルサウスを代表する国となっている。

将来の人口は、２０５０年　16・7（中国　13・1）、２１００年　15・2（中国はほぼ半減して7・6）億人と見込まれ、世界一の人口を持つ国となり、国力を伸ばすであろう。

しかし、国内宗教対立（ヒンズーとイスラム）、カースト制の影響の残存、多言語存在の障害、国民の大部分は昔ながらの零細職業に従事し貧富の格差、公共インフラの未整備など多くの問題を抱えている。

④　欧州諸国

欧州は、近年の国政選挙で与党が議席数を減らし、多くの国で連立政権が誕生している。

賃上げなどを求める激しいデモやストライキなどが発生している。

移民、難民問題はいずれの国にとっても難問となっている。

ＥＵの調整役としての役割が増大、域内各国の格差が拡大している。

⑤　アフリカ諸国

・アフリカには多数の国が存在、他の諸国と比べ、経済発展が遅れ、飢餓、貧困、人権、平等などの問題を抱えている。
・２００２年にＯＡＵ（アフリカ統一機構）を改組、ＡＵ（African Union　アフリカ55国・地域で構成する世界最大規模の地域機関、エチオピアの首都アジアスベバに本部）発足、地域の経済成長・貧困脱却を目標とする。アフリカ議会、中央銀行を持ち（単一通貨導入を目指す）、紛争時には治安維持を目的に平和維持軍派遣できることとなっている（モデルはEU）。
・アフリカ諸国は、21世紀に人口急増、ナイジェリア（２１００年　５・４億人（２０２１年　２・１億人）以下カッコ内同様）、コンゴ（４・３（０・95））、エチオピア（３・２（１・２））、タンザニア（２・４（０・63））、エジプト（２・０（１・０））の５か国が２１００年の人口ベスト10に入ると見込まれ、その存在感は大きなものとなろう（人口数は国連資料）。
・アフリカ諸国は近代においては西欧諸国の植民地であった歴史があり、西欧諸国とは複雑な関係にある。

昨今、中国がアフリカ諸国への影響力を強めているが、グローバルサウスの諸国には、中国の覇権主義の動きから中国離れの動きもある。ロシア・ウクライナ戦争ではロシアの侵攻を批判する一方、ハマス・イスラエル戦争ではハマス殲滅のためガザ地区を破壊するイスラエルを支持する米国をダブルスタンダードとして非難する動きも強い。

ロ　今後の日本

①　国勢

・日本は、失われた20年と言われるように、平成中頃以降、経済、社会停滞（生産性・経済成長・賃金上昇停滞、物価・金利低水準）、GDPは2006年に中国に追い抜かれた（2032年にはインドに追い抜かれるとの見通しもある）。1人当たり名目GDPは多くの国に追越され、人口減少も現実化、勢を失っており、立ち直りが課題となっている。

・人口減少は、労働力、国内消費、GDPの減少につながる。移民が対応策として挙げられるが、国内の受け入れ体制の問題、社会への影響などの問題を伴う。人口減少は少子化、未婚率の増加によるが、結婚の持つ意義の理解の深化、子育て環境の充実、結婚が個人生活、社会生活、国の存立と繁栄にとって大切であることを再認識する社会の流れが肝要である。

・経済発展には、イノベーション投資（基礎科学の充実は基本）、企業の生産性上昇、個々人の所得の上昇政策が肝要である。
・日本は、米国などに比べて所得格差が少ない、公教育、治安維持、社会保障（国民皆保険、国民皆年金など）が充実していることは世界に誇り得ることであり、日本の成果というべきものである。

②　財政赤字

国家財政は赤字が累積、その額は１０００兆円を超え、ＧＤＰの凡そ2倍となっているが、抜本的解決策はとられていない。昨今、コロナパンデミックで各国とも財政支出増になったが、その後、欧米諸国は増税など財源対策を講じている。日本は財源を国債で賄い、放置したままである。昨今の防衛力強化、異次元と称する少子化対策もその必要性は多くの人々の理解する処であるが、財源が明確とは言えない。国債依存となれば国民負担の後世代への先送りであり、財政破綻の因ともなる。健全な財政は国の根幹の一つである。財政再建の途を国民に明示、理解を求めることが必要である。

③　自国防衛

・ロシアの突如のウクライナ侵攻、ウクライナは抗戦。日本、米国はじめ西側諸国はウクライナを支援しているが、中国はじめロシア側の立場をとる国も多い。アジアで日本に近い台湾は長く中国の侵攻の危機下にある。中国の台湾統一に踏み切れば、軍事、政治、経済各般にわたり、日本が大きな影響を受けることは間違いない。日本が中国の様々な圧力、攻撃にさらされる危機も生じる。

・日本国民は、戦後、長く平和に過ごし、日米安保条約、米国の核の傘の下にあることで、自国防衛につき、真剣に考えてきたとは言い難い。

現実は、中国、ロシア、北朝鮮に囲まれ、わが国は、安全保障上、難しい環境下にある。ロシア・ウクライナ戦争の現実は、日本国民に自国防衛（自分の国を自分で守る）の重要性に改めて気づかせたと言えよう。防衛予算、憲法9条についても国民の認識が変わったと感ずる。第2次世界大戦敗戦、占領下に置かれ、その後も引きずってきた認識から普通の国の認識へ変化しつつあり、それは必要なことと考える。防衛費増については、その内容が、実効性のあるもの、費用対効果のすぐれたものでなければならない。

・米国との同盟関係を基本に、自国の防衛・外交力を強化、食料自給力回復、独立平和の国であることを示していくことが必要である。

④　これからの基本

・世界はパワーバランスで動いている。それが破局を招かないようにすることが重要なことは論を待たない。また、これからアジア諸国に加えて、インド、アフリカ諸国が世界での存在感を増し、米国、中国の力は相対的に低下していくであろう。

変化する世界の中で、日本が独立と平和、名誉を守り、存在感のある国、重要な友好国と思われたいものである。

・それは国民の広い視野、自覚と負担を必要とする。それが国の独立と平和、国民生活の安全・安定、国の繁栄につながると考える。

第３章　21世紀の資本主義、哲学、宗教

1　資本主義社会の行方―定常社会か、資本主義社会か

人間社会は、20世紀に、急速な技術革新、投資、経済成長を続け、豊かで長寿の社会を手にした。それにより様々な問題（国内所得格差（20世紀は、第2次世界大戦前に比べ、1940―80年には縮小したが、1980年代以降、再び拡大、米国は顕著）、国際的には南北問題、テクノロジーと人間社会の関係など）が生じ、また、地球自然・資源を大量費消、温暖化などの地球環境問題を起こした。21世紀は多くの国が人口減少の時代となる。

これまで、発展とは経済成長と理解され、資本主義のプリンシプルで運営されてきたが、近年、これからも資本主義は続くのか、成長を続けられるのか、それは無理で定常社会に

移行せざるを得ないのではないかとの問題意識が生まれている。

イ　成長社会から定常化社会に移るとする考え

・これまでのようなイノベーション、投資、経済成長により豊かさを追求することは地球、人類を滅ぼす。定常化社会に移行せざるを得ない。既に、人口増加はスローダウン、新しいイノベーションが起きるペースも遅くなっている、経済成長もスローダウンしている。世界経済社会は安定に向かっており、過剰な消費は終わる時代が来る。人口減少は先進国では始まっており、人口減少による経済縮小は避けられない。

・定常社会とは、脱成長のポスト資本主義社会、持続可能な福祉型社会、循環型社会で、地球環境の有限性を認識、人間の幸福という精神面に重点を置く。現在、転換点、限界点に達しつつある。先進国から、人口減少、低成長、環境重視の時代となる。人々の関心は、安全、環境、健康、幸せで楽しく働くことを重視する社会となる。キーワードは脱経済成長とする。

・しかし、脱資本主義、脱成長社会を持続させる経済社会システムはいかなるものなのか、持続できるものなのか、人々の抱く様々な希望を如何にして充足できるのか、明らかでない。

定常社会という名で資本主義の問題点を解決した一つの理想社会をイメージしている感がある。

・脱成長社会（コミュニズム）実現の柱のとして、交換価値経済から使用価値経済へ転換、労働時間短縮、画一的分業停止、生産過程民主化、エッセンシャル・ワーカー重視を挙げ、それを実現する単位コンミューンの連合した社会を想定（ソ連型の社会は否定）、生産消費の過剰な自由を制限、自治自主管理が可能と考える論もある（斎藤幸平の脱成長コミュニズム論）。

ロ　資本主義社会は続くとする考え

①　資本主義社会は続く

・資本主義は豊かさ、消費や情報を通じて人類に幸福と喜びをもたらす。資本主義は人類の持つ、積極性、前進、発展、利得志向という本能に適ったシステムでもある。

・資本主義社会では、イノベーションは続き、経済成長も続く（１人当たりの所得上昇は続く。とりわけ、非物質的生産の拡大が続く）。人類の自然、宇宙支配は進む。労働、土地、原材料、資本、組織などの生産要素の商品化・流動化・市場化は進む。所得の不平等拡大、総需要不足、過当競争、経済危機も生じるが、その行き過ぎを是正するのは、情報化、グローバル化した現代世界に生きる民衆の力である。多数の民衆の力が集まれば（民主主義体制社会では容易に起こり得る）弊害の多くが是正される（独占禁止、相続税制、社会悪となるイノベーション規制、過剰な消費の抑制など）。

資本主義に代わるシステムはなく。行き過ぎを是正しつつ資本主義は続くと考える。

・トッドは、古代シュメール文明の都市国家、ギリシアの都市国家、ゲルマン社会には原始民主制（成人男子の集会で合議、決定、統率者選出など）があった。民主制は、ホモ・サピエンスにとって過去に普遍的なものであったとする）。

② 資本主義の変化について以下のような見解もある

i テクノロジーの進歩、反応する政府

テクノロジーの進歩で、地球資源は枯渇しない（レアメタル不足も抽出方法の革新、代替物質の開発で解消できるなど）、温暖化現象も起こらない（温暖化防止は可能）、資源消費を減らしながらの経済活動が可能となる（脱物質化）。人類が豊になるためには、テクノロジーの進歩、資本主義、反応する政府、市民の自覚が必要と考える（アンドリュー・マカフィー）。

ii ポストキャピタリズム（協働型経済）は資本主義を否定しない

資本主義が成熟、潤沢な社会への移行、テクノロジーの進歩により人々は強制的・義務

的な仕事から解放され新しい協働型経済（ポストキャピタリズム）への動きが始まっている。情報技術発展により物・サービス無料（限界費用ゼロ）のもの（価値の破壊）、高度のオートメーション化で人間の労働不要のものが現れ、インターネットでの人々がつながりが新しい効用を創出、情報技術で水平的ネットワーク協働が行われる。資本側は、市場の独占、ネットワークへのアクセス有料化、雇用環境の不安定化、独占情報の活用などで対抗する。

ポストキャピタリズムの経済では、創造的部門が大きくなるが、営利的なままである。潤沢な社会が実現され、人々は多くの自由時間を手に入れるが、市場は存在、競争もある。芸術的で文化的な経済になる。独占企業の規制、エコシステム実現は国家の役割。労働の場は、社交、自己実現の場、社会的承認の場でもあり、労働は人生を充実させる側面があり、人間にとって必要なものでもある。ポストキャピタリズムは必然のものではないし、資本主義を否定するものでもない。（ポール・メイソン）

2　哲学

イ　哲学の流れ

哲学には、過ってはギリシア哲学のようにサイエンス（原子論など）が含まれていた。

サイエンスが抜け落ちて哲学は萎んだと言われる。

近代哲学は宗教改革とあいまって、思考をキリスト教（カトリック）から解放（自然の立法者は神でなく人間）、産業革命を支える力となった。

カント以降、独仏を中心に著名な哲学者が多数現れ、観念論（世界を構築しているものの根源は精神的なものと考える）、実存主義（人の実存を哲学の中心とする）、唯物論（世界を構築しているものの根源は物質と考える）はじめ活発な思索活動があったが、20世紀後半以降、科学技術（テクノロジー）が革新的に進み、サイエンスは哲学から抜け落ちてしまった。哲学に誰もが納得するような普遍的物差しが存在しない時代となったとされる。

□　哲学の混迷

ＩＴ、ＡＩ・バイオなど科学技術の異次元の進歩、情報化社会、世界情勢の不安定化、魅力ある政治の不存在、パンデミックなど様々なリスクが顕在化、「人間主義（実存主義）は終わりではないか、無神論、リスク社会にどう対応するのか、リベラル（自由）とデモクラシー（民主主義）は両立できない、デモクラシーは衆愚政治、コロナパンデミックの経験で管理・監視社会が必要、そうではなく情報を国民に広く提供すれば国民は正しく動く」など様々な議論が生じた。

米欧を中心に、哲学は自然科学に従属する、真実はいくつも存在する、心と身体の一元論と二元論など様々な議論があるが、今の処、どれが主流とはいえないとみられている。

ハ　今後への期待

哲学は、あらゆる学問、知識、科学の基底となる考え方を示すものであった。容易なことではないが、あらゆる事象の根底をなす、多くの人が得心する、人間社会が存続、繁栄の誤りなき道を歩むための基本的な考え方を示す哲学が望まれる。

3　宗教

イ　宗教

①　宗教の流れ

・宗教には多神教と一神教がある。

古代文明は森と水のある処で発祥、太陽、水、森、火、大地の様々なものに霊的存在（神）があるとする多神教とともに始まった。現在も自然に神が宿るという信仰は依然として存在する。

ＢＣ５世紀頃に世界的精神革命が起きたとされる。

ギリシャ哲学（ソクラテス（BC470～399年）、プラトン（BC427～347年）など）、釈迦（BC566～486年乃至BC463～383年、コーサラ、マガダ国繁栄の時代）、孔子（BC551～479年　春秋戦国時代（周と秦の間の時代））、ユダヤ教（BC586～538年のユダヤ人のバビロン捕囚の解放後にユダヤ教団成立とみられている）などがほぼBC5世紀の同じ頃に生まれている。文字、法制度、国家生成、社会の階層化、身分秩序が形成され、人口増、資源消費増で民族間の紛争が多発した時代であった。

ユダヤ教、キリスト教、イスラム教など一神教は岩砂漠の地に誕生。旧約聖書は、まず、神があり、神が天地を創造、神が創った人間が自然を支配するとする。

宗教は、各々、発祥の地の風土、文化、歴史を反映したものであり、それらと一体のものとして存在し、従って、多様である。

宗教は薬にも毒やリスクにもなる。また、ナショナリズムが宗教的動きと区別が難しい場合も起こる。

・発祥から年月を経て、キリスト教にはカトリック、プロテスタント、ロシア正教、英国国教会、イスラム教にはスンニー、シーア派、仏教には大乗、上坐部（小乗）などに分かれ、更に、それぞれに分派が多数ある。

また、十字軍、イスラム・ジハード、一向一揆など宗教と現世の利益が絡まった戦争も歴史上多発してきた。

ユダヤ教、キリスト教、イスラム教は共通点のある一神教であるが、一つになることはなかった。

②　宗教の役割

・近代社会はヨーロッパにおいてカトリックの宗教的独裁を排除することから発展、また、今日では神の技と信じられてきたことの多くが科学で説明できるようになり、宗教は過っての輝を失う流れとなった。

しかし、今日においても科学で自然、人間の全て説明できるわけではない。また、科学が新たな問題を生み出してもいる。

生きることのなかでの不安、死をどう捉えるか、死後の世界などは多くの人々の心にある。科学がどのように進んでも生老病死への人間の不安は存在する。世の中の不条理もなくなることはないし、運命と思うしかないことも起こる。そうした際に、人間にとって、「神に祈る、神を信じる、神に救われる」という宗教は、心の平穏、心の支え、力となる。

③　これから

・これからの世界人口の動向はアフリカ、インドが増える、従って、イスラム教徒が増加、イスラム教が世界の宗教の中でマジョリティを占めることになろう。今日、宗教間の対話も行われるようになったが、今後も続くかはイスラム教の動静によるともいえる。
・地域の風土、文化、歴史と結びついた宗教の多様性がなくなることはあるまい。多様性は相互に認め合うべきものであろう。人々の希に応え、人の心に安らぎと力、喜びを、そして、未来に希望を与えることが宗教の役割であろう。
既存の宗教に現状に応じた変化の兆しはあろうが、新しい大きな宗教が誕生する雰囲気はない。

ロ　日本人の宗教

①　日本の宗教の歴史

・日本の宗教の歴史を顧みると、古代は、多くの自然のもの（月山、大木、巨石、特定の動物など）に神、霊魂が宿ると考えていた（アニミズム）。
大陸から陰陽五行思想（中国の春秋戦国時代（ＢＣ７７０年（周）—ＢＣ２２１年（秦統一）に発生、木火土金水の５行に各々春秋を配する組み合わせにより複雑な事象を説明、占う）、道教（不老長寿を目指す神仙術と原始的宗教を統合、老荘思想、仏教を取り入れて形成された多神教、後漢末頃に生まれ次第に成熟）が伝わった。３世紀前半に生きた卑弥呼にも道教祭祀の痕跡（纏向遺跡が邪馬台国とすれば）があるとされる。

こうした背景の下に日本古来の神道（アニミズム・祖霊崇拝、古事記・日本書紀など神典を聖典とする）がある。

・6世紀には仏教が大陸から朝鮮半島を経て伝来。鎮護国家仏教として始まり、最澄、空海により発展、鎌倉仏教（法然、親鸞、日蓮、栄西、道元など）で武士、庶民に広くいきわたる存在となった。江戸時代には寺は統治組織の一環に位置付けられ、人々の生活に浸透した。

戦国末期にキリスト教（カソリック）が伝来、新知識を伝え、武将、人々にも人気があったが、江戸時代に禁教となった。明治に解禁されたが、信者が爆発的に増えることはなかった。

記紀の神代につながる天皇は明治政府により元首にして現人神とされ、明治維新から太平洋戦争敗北（１９４５年）まで国体として国の存在の基本とされた（国家神道）。

戦後はいずれの宗教も信者は減少、宗教は輝を失っている。

・今日の日本では、浄土真宗、浄土宗の信徒は併せて凡そ2千万人と言われ、仏教信徒が最も多い。神道、キリスト教の信徒は仏教に比べれば少ない。

国内で特定の宗教排除の動き（反社会的行為があれば行政が動くが）はない（東アジア共

通)。

②　日本人の宗教観

・多くの日本人は、神社のお祭・お祓い・神前結婚式では神道、クリスマス祝・教会結婚式ではキリスト教、先祖供養や葬式は仏教と、あまり矛盾を感ずることなく行いつつ生活している。「仕来たり」に従っているということで抵抗感はない。

・「貴方の宗教は何ですか」と問われれば「一応仏教です、乃至、無宗教です」と答える人が多いのではあるまいか。

「religion」を訳した日本語が「宗教」で、明治になって一般に使われるようになった。「religion」の語は、内面的な信仰及び宗教教団に関することを意味する。

「宗教」は禅宗の宗鏡録（すぎょうろく）にある言葉で、「宗」とは「人たる道、真実」を意味し、自分で体得するもので言語で表せないとされる。「教」とは「説く」を意味する。

「宗教」という語は「religion」と必ずしもぴたりとは符合していない。

我々は貴方の宗教はと聞かれるとキリスト教徒、イスラム教徒、仏教徒などを思い浮かべ、信徒とは言えない人々の答えが「無宗教」に反映されていると思う。無宗教は無防備に通じるともされる。

・しかし、日本人に「神がいると思うか」と問われれば、「いると思う」と答える人が多いのではなかろうか。とすると、日本人に無神論者が多いとは思えない。

日本人の感じる神は、「神の前では心が整ったと感じる」という感覚を生じる存在ではなかろうか。その神は人により様々であろう。それが、今の日本の神の在り方（宗教）で、それはこれからも続くのではあるまいか。

・日本国憲法20条には信教の自由とともに宗教の言葉が用いられているが、宗教の定義ははっきりしない。また、日本の祝日から宗教を排除しているが、それは国民が思想的確信を持っていないことを示しているともされる。

・歴史上、日本が大きな影響を受けた中国では、現在、政権にある共産党は無神論だが、国民の凡そ半分は祖先崇拝、仏道儒３教が混在するという。日本と似ているともいえる。

第４章　21世紀に心すべきこと

１　人類文明の今

・20世紀は石油と電気の世紀とも呼ばれ、産業（工業、農業）、医療、兵器はじめあらゆる分野に目覚ましい技術の発明、進歩改良があり、今日の豊かで長寿の世界を実現、人間は地球の自然を支配できるとまで考えるようにもなった。また、地球環境問題を惹起し、核戦争の恐怖を招くことにもなった。

20世紀末から21世紀に入ると、グローバル化、そして、ＩＴ、ＡＩ、ゲノム、宇宙進出など人類の未来を変える科学技術革新が進んでいる。人間が自然を変える力を得つつあるとも捉えることができる。

・人間の精神面を考えると、人とは何か、人の存在とは何か、この世界をどうとらえるべきかなどを考える哲学は、資本主義の発展、価値観の多様化と共に万人が認めるような普遍的物差しが失われ、科学の進歩革新に追随する存在となっている。

宗教は、過っては自然の不思議、不可解、人の生老病死を神と結び付け、人々の心の支えとなってきたが、科学の知識でそれらが解明されるようになり往年の輝きを失っている。

人類文明の基盤となり、人類行動の規範（破ることはタブー、行動の制約の役割も果たしていた）にもなってきた哲学、宗教が力を失い、再構築されていない。

・世界人口は21世紀後半には１００億人程度に達し、その後は逓減すると推測され、先進国では人口減少が始まっている。世界諸国人口が長期的に減少に転じるのは人類史上初めてのことであろう。地球上の生物の存在は永遠ではなく、膨張の後は減少、衰亡するとされる。人類も種の繁栄の曲がり角にあると捉えることもできる。
・いずれも人類の命運、地球の自然と人間の関わりの問題である。

2　21世紀に心すべきこと

今、人類は上り坂の頂点にあり、繁栄か衰退かの転機に遭遇しているのではなかろうか。未来に対して人類がどのような基本スタンスを採るかに人類の盛衰はかかっていると思う。

それは極めてシンプルな事実を認識し、行動の基本とすることではなかろうか。即ち、人類は地球の自然から生まれた存在であるということである。人類が自らの源である地球の自然、自然の摂理の基本を破壊すれば（あるいは、背けば）存在の根本を失い、存在し得なくなるということである。人類は地球の自然と共生する存在であり、地球の自然は人類のコモンズである。

人類は自らを生み出した自然に対して謙虚であること、人類は決して賢くないとの自覚が求められている。それは、今の人間社会にとって肝要なことではなかろうか。

おわりに

筆者は、和邦夫のペンネームで、文字なき古代列島時代から、倭古代国家の黎明、武士政権成立、戦国乱世、明治維新、太平洋戦争と敗戦占領までのわが国の歴史を、できるだけ史実に基づき記述することで6冊を刊行、一応、日本の歴史を綴るという所期の目的は達した。

今般、難事ではあるが日本の現代史考の執筆を思い立ち、それは自分の過ごした時代そのものであることから実名で出版すべきと考えた次第である。もとより、身に過ぎる課題であり、試みであること、記述に独断があることは自覚しているが、一つの見方としてお読みいただければ幸である。

参照、引用させていただいた多くの文献の著者の方々には深く御礼申し上げる。理解に誤りがあれば、全て筆者の未熟によるところであり、お詫び申し上げる。

また、本書の編集、刊行にご協力いただいた大蔵財務協会の方々に心から御礼申し上げたい。

参考文献

〈第1部〉

日本史小年表　笠原一男・安田元久編　山川出版社

日本史年表・地図　児玉幸多編　吉川弘文館

環境史年表昭和平成　下川耿史編　河出書房新社

今、財政を考える　石坂匡身著　大蔵財務協会

現代日本政治史　薬師寺克行著　有斐閣

日本社会の変遷と国土・自然　一般財団法人自然環境研究センター

（一般財団法人社会文化研究センター助成事業報告書2022年12月）

賃金と物価の好循環は実現可能か　東京大学大学院渡辺努述

（2023年12月26日）

〈第2部〉

無と意識の人類史　広井良典著　東洋経済新報社

ホモ・デウス　ハラリ著　河出書房新社

つながりの人類史　田村光平著　PHP

人類哲学へ　梅原猛著　NTT出版

いま世界の哲学者が考えていること　岡本裕一朗著　朝日文庫

我々はどこから来て、今どこにいるか　エマニュエル・トッド著　文藝春秋

対立の世紀　イアン・ブレマー著　日本経済新聞出版社

人類超長期予測　ジェニファー・D・シュバ著　ダイヤモンド社

パンデミック後の世界の10の教訓　ファリード・ザカリア著　日本経済新聞出版社

参考文献

「第4次産業革命」を生き抜く　クラウス・シュワヴ著　同右

危機と人類　ジャレド・ダイアモンド著　同右

「歴史の終わり」の後で　フランシス・フクヤマ　中央公論新社

未来のための終末論　大澤真幸著　左右社

現代思想入門　千葉雅也著　講談社現代新書

違和感の正体　先崎彰容著　新潮社

常識が通じない世界で日本人はどう生きるか　ソロス、ハラリ他　宝島新書

歴史の逆流　長谷部恭男、杉田敦、加藤陽子　朝日新聞出版

人類の未来　チョムスキー、カーツワイル他　NHK出版新書

未来を語る人　大野和基編　集英社インターナショナル

未来倫理　戸谷洋志著　集英社新書

未来への大分岐　マルクス・ガブリエル、マイケル・ハート、ポール・メイソン、斎藤幸平編　同右

人類滅亡2つのシナリオ　小川和也著　朝日新書

2050年の世界　ヘイミシュ・マクレイ著　日本経済新聞出版

日本多神教の風土　久保田展弘著　PHP研究所

超越者と風土　鈴木秀夫著　原書房

森林の思考・砂漠の思考　同右　NHKブックス

仏教の源を問う　中村元述　NHKDVD

地球温暖化のファクトフルネスと新冷戦下のエネルギー政策　杉山大志キヤノングローバル戦略研究所研究主幹述（2023年5月11日工業倶楽部）

ウクライナ戦争の現段階と停戦の条件　下斗米伸夫法政大、神奈川大教授述（2023年9月22日工業倶楽部）

日本の宗教史と自然観　西村明東京大学大学院文学部準教授述（2023年9月29日自然研）

岐路に立つ中国政治、経済、社会の行方　柯隆述（2023年11月29日）

米国政治の展望　渡辺靖慶応大学教授述（2023年12月7日）

日本社会の変遷と国土・自然（一般財団法人社会文化研究センター助成事業報告書2024年3月）　一般財団法人自然研究センター

石坂 匡身

（いしざか・まさみ）


1939年、東京都生まれ。

1963年、東京大学法学部卒業、同年大蔵省入省、1994年まで同省勤務、同省主計局主査、調査課長、大臣秘書官、主税局審議官、理財局長などを務める。1995～6年環境事務次官。現在、一般財団法人大蔵財務協会顧問。

主な著書『倭 古代国家の黎明』『戦国乱世と天下布武』『頼朝と尊氏』『幕末・明治激動の25年』『太平洋戦争と日本の命運』『文字なき古代の列島史』（大蔵財務協会刊）

日本現代史考
戦後史概観と21世紀の展望

令和６年４月16日　初版印刷
令和６年４月24日　初版発行

著者　石坂匡身

（一財）大蔵財務協会　理事長
発行者　木村幸俊

発行所　一般財団法人　大蔵財務協会
〔郵便番号　130-8585〕
東京都墨田区東駒形1丁目14番1号
（販売部）TEL03(3829)4141・FAX03(3829)4001
（出版編集部）TEL03(3829)4142・FAX03(3829)4005
http://www.zaikyo.or.jp

乱丁・落丁はお取替えいたします。

ISBN978-4-7547-3244-8

印刷　恵友社